Lieblingsplätze

OSTSEE MECKLENBURG-VORPOMMERN

Lieblingsplätze

OSTSEE MECKLENBURG-VORPOMMERN

GMEINER

MEIEREWERT / PAUTZ / VON FIRCKS

Autor und Verlag haben alle Informationen geprüft. Gleichwohl wissen wir, dass sich Gegebenheiten im Verlauf der Zeit ändern, daher erfolgen alle Angaben ohne Gewähr. Sollten Sie Feedback haben, bitte schreiben Sie uns! Über Ihre Rückmeldung zum Buch freuen sich Autor und Verlag: lieblingsplaetze@gmeiner-verlag.de

Pixabay License 10; Christoph von Fircks 12, 14, 16, 18, 22, 24, 26, 28, 30, 32, 36, 42, 44, 48, 50, 52, 54, 56, 58, 60, 62, 64, 70, 76, 78, 80, 82, 84, 86; Jochen von Fircks 20, 38, 40, 46, 72; Martin Heider/Münster B.D. 34; Rolf Reinicke 66, 88, 132; susanne-krauss.de 68; Pommersches Landesmuseum/Grzegorrz Solecki 74; Frank Meierewert 66, 90, 92, 94, 96, 98, 100, 106, 108, 110, 112, 116, 118, 120, 122, 124, 128, 130, 134, 136, 138; Sylvia Vandermeer 102; Nero Kindermann 104; Naturerbezentrum Rügen 114; Rico Nestmann 126; Claudia Pautz 140; Marcel Piper/Piper-Media.de 142, 144, 146, 148, 150, 154, 156, 158, 160, 162, 164, 166, 168, 170, 172, 174, 176, 178, 180, 182, 184, 186, 188, 190; Strandhotel Ostseeblick 152

QR-Code einscannen und kostenloses E-Book anfordern.

Besuchen Sie uns im Internet:
www.gmeiner-verlag.de

1. Auflage 2022

Im Ehnried 5, 88605 Meßkirch
Telefon 07575/2095-0
info@gmeiner-verlag.de

Lektorat/Redaktion: Anja Kästle
Herstellung: Julia Franze
Bildbearbeitung/Umschlaggestaltung: Susanne Lutz
unter Verwendung der Illustrationen von © SimpLine – stock.adobe.com; © eyewave – stock.adobe.com; © Instantly – stock.adobe.com; © LynxVector – stock.adobe.com; © Mtys – stock.adobe.com; © dunnet – stock.adobe.com; © Katrin Lahmer; © Benjamin Arnold
Kartendesign: © Maps4News.com/HERE
Druck: AZ Druck und Datentechnik GmbH, Kempten
Printed in Germany
ISBN 978-3-8392-0163-3

OSTSEEKÜSTE

RÜGEN UND HIDDENSEE

USEDOM

OSTSEEKÜSTE

Christoph von Fircks

1

Schlossgut
Gross Schwansee
Am Park 1
23942 Kalkhorst
038827 88480
www.schwansee.de

Kirche St. Laurentius
Straße der Jugend
23942 Kalkhorst

Stilvoll pausieren
Schlossgut Gross Schwansee

Ob Radfahrer auf dem Ostseeradweg oder Strandgast an der Lübecker Bucht – das *Schlossgut Gross Schwansee* ist der ideale Platz, um eine Rast im stilvollen Ambiente einzulegen. Vom Ostseeradweg führt schnurgerade eine beeindruckende Allee mit Kandelaberlinden zum klassizistischen Haupthaus des Schlossgutes. Und auch vom Strand liegt *Groß Schwansee* kaum mehr als 200 Meter entfernt. Wie eine Insel ragt der hochherrschaftliche Gutskomplex aus der unberührt erscheinenden Natur empor.

Im Jahr 1745 ließ Freiherr von Booth das Schloss im Stil des Spätbarocks erbauen. Später wurde das Gebäude klassizistisch umgestaltet und erhielt den weißen Putz, der auch heute die Fassade schmückt. Manches der beeindruckenden Anlage mag an Schloss Bothmer erinnern – die größere, ältere Schwester – und ist doch eigenständig und für sich sehenswert.

Das Hotel *Schlossgut Gross Schwansee* wirbt mit einer Symbiose aus Natur, Lifestyle und Tradition. Im Haupthaus erwarten stilvolle Zimmer und Suiten mit historischem Charme die Gäste. Weitere komfortable Hotelzimmer stehen in einem Nebengebäude an der Hofkante zur Verfügung. Bei Wind mag von der Ostsee her das Rauschen der Brandung die Gäste in den Schlaf wiegen.

In zwei Restaurants bieten Spitzenköche Gerichte an, die überwiegend aus frischen regionalen Zutaten zubereitet werden. Als Ausflügler empfiehlt es sich, vorab zu reservieren, da Hotelgästen Vorrang eingeräumt wird. Das Schlossrestaurant 1745 im Haupthaus setzt auf nobles Flair. Die Brasserie in der ehemaligen Remise, die einen warmen dunkelroten Farbtupfer vor die Schlosswiese setzt, bietet tagsüber regionale Mecklenburger Spezialitäten. Als Sommer-Highlight erwartet einen freitagabends ein opulentes Grillbuffet.

Besuchen Sie im nahen Kalkhorst die große Dorfkirche mit ihrer prunkvollen barocken Ausstattung.

2

Naturstrand Steinbeck
Parkplatz: Stichstraße
von Dorfstraße
23946 Klütz

Steinbecker Hofladen
Dorfstraße 10
23948 Klütz
038825 23340
www.steinbecker-
hofladen.de

ZU JEDER JAHRESZEIT EIN ERLEBNIS

Naturstrand

Strände bieten viel mehr als nur baden, in der Sonne liegen, das Faulenzen genießen. Die Grenzzone zwischen Wasser und Land stellt einen besonderen Naturraum dar. Gerade im Winter, wenn der Wind von der See her kräftig bläst, ist das bei Wanderungen am Strand, dick eingemummelt, nachhaltig erlebbar. Man trifft kaum auf Menschen, und wenn doch, dann sind es zumeist Gleichgesinnte. Es geht sich gut im Rhythmus der anlaufenden Wellen. Der Blick ist frei für Details. Strandgut, Vergessenes, und dann die Steine, besonders schön, wenn sie von den Wellen überspült wurden.

Oft ist der Strand bei Steinbeck unser Ziel für eine Wanderung. Als nach der Wende dieser Küstenabschnitt für die Mecklenburger zugänglich wurde, war er ein Geheimtipp. Heute ist auch hier der Kommerz angekommen. Aber der Strand zieht uns nach wie vor an. Hier liegen im Strandsand viele große Steine, als ruhten sie sich aus nach der weiten Reise mit den nordischen Gletschern von den alten skandinavischen Grundgebirgen bis an unsere Küsten. Ob nun der blass-fleischrote Rapakivi-Granit, der weiße bis hellgraue Stockholm-Granit, der gefleckte Kinne-Diabas, die alten Sandsteine oder die in Form und Farbe so unterschiedlichen Feuersteine – sie alle und noch viele andere erzählen Erdgeschichte. Es lohnt sich hier auch, nach Fossilien zu suchen.

Richtig spannend wird es, wenn die Witterungslagen extrem sind, wenn der auflandige Wind Eisschollen zu meterhohen Barrieren geschoben hat, wenn das von Steinen, Buhnen oder ufernahen Bäumen ablaufende Wasser zu den allerschönsten Ziergebilden gefroren ist. Oder wenn der Wind zum Sturm geworden ist, die Wellen noch ganz weit draußen gischtend brechen und die Kitesurfer fortzufliegen drohen. Stranderlebnisse, glauben Sie mir, haben eben immer Saison.

An der Weggabelung Grundhagen/Elmenhorst unweit vom Dorfkern Steinbecks, 200 Meter Richtung Elmenhorst, gibt es einen schönen Hofladen mit Café.

8

Steilküste Großklützhöved
Stichstraße: Ausbau
23946 Ostseebad
Boltenhagen

Fischereihof Kamerun
Zum Hafen 1a
23946 Ostseebad
Boltenhagen
038825 267231
www.kamerunweb.de

ZUM GROSSEN FINDLING UND NOCH WEITER

Steilküste bei Großklützhöved

Das Ostseebad Boltenhagen hat weit mehr zu bieten als nur den fünf Kilometer langen Badestrand und eine urlauberfreundliche Infrastruktur. In westlicher Richtung schließt sich an den Sandstrand die eindrucksvolle, über 30 Meter hohe Steilküste Großklützhöved an. Die ist einmalig für die westliche Ostsee und eine Wanderung wert. Der anspruchsvolle Weg wird jeden Naturfreund begeistern. Drei Stunden sollte man einplanen. Aber es kann durchaus länger dauern. Es gibt so viel zu sehen. Der gelbliche Mergelsand hat steile Abbruchkanten. Farbnuancen, Mergellagen und Kalkbänder zeigen eiszeitliche Turbulenzen.

Viele Abschnitte sind der Erosion stark ausgesetzt. Immer wenn die Stürme die Wellen gegen die Küste peitschen, kommt es zu Abbrüchen und Ausspülungen. Den Sand nimmt das rücklaufende Wasser mit, die Steine lässt es zurück. Kleine, große, sehr große Gäste aus Skandinaviens Grundgebirge liegen am Fuß des Kliffs bis weit hinein ins Wasser. Der imponierendste ist ein rötlicher Granitgneis. Der 60-Tonnen-Koloss liegt 1,5 Kilometer von Redewisch entfernt. Danach geht es noch kilometerweit über die Steinfelder. Wer der Faszination von Gesteinen erlegen ist, der wird schwelgen, der Fossiliensammler erst recht und alle Naturfreunde sowieso.

Einen Abgang vom Strand gibt es erst in Steinbeck. Zurück nach Boltenhagen führt ein reizvoller Trampelpfad in Küstennähe. Auch mit dem notwendigen Abstand zur Kliffkante bieten sich schöne Blicke hinunter auf den Strand und das Wasser der Ostsee in den vielen Nuancen der Farbe Blau. Landseitig ziehen sich gewellte Felder bis zum Horizont. Man meint, in luftiger Höhe zu gehen. Falls die anrennende See oder die Fitness diese Wanderung am Großklützhöved nicht zulassen, lockt das Städtchen Boltenhagen.

Die Strandpromenade von Boltenhagen entlang zum Urlauberzentrum *Weiße Wiek* mit Marina, Wellness, Gastronomie und Boutiquen wandern, dann zum Fischereihafen mit Restaurant im *Fischereihof Kamerun*.

4

Schmetterlingspark
An der Festwiese 2
23948 Klütz
038825 263987
www.schmetterlingswelt.de

WENN PUPPEN ZU FALTERN REIFEN

Schmetterlingspark

Noch bevor man durch eine Schleuse die tropische Dschungellandschaft betritt, sind mehrere Atlas-Seidenspinner zu sehen. Sie wirken wie fantasievolle Nachbildungen und sind doch echte, den Tag verschlafende, erstaunlich große Nachtfalter. Sie künden von dem Reichtum an Formen und Farben, den wir zu erwarten haben.

Die Flughalle des Schmetterlingsparks empfängt einen mit feucht-warmer Luft. Die enge Bepflanzung mit Bananenstauden, Passionsblumen und Bambus, unterbrochen von kleinen Wasserläufen und Teichen, entführt einen sehr weit fort vom tatsächlichen Standort, in die Welt der Tropen. Und hier fliegen, flattern und gleiten unzählige Falter aus Asien und Südamerika, einer schöner als der andere. Der Himmelsfalter, dessen Flügel im Fluge blauer als das Himmelsblau samtig leuchten, mag der Star unter ihnen sein. Welch ein Farbenspiel, nicht nur bei ihm!

Im Schmetterlingspark fliegen ausschließlich tropische Arten. Durch die Vielfalt des Nahrungsangebotes in ihren Herkunftsregionen genügt ihnen ein begrenzter Lebensraum. Die einheimischen Arten kämen damit nicht zurecht. Schmetterlinge haben zumeist eine kurze Lebensdauer. Ständig werden neue Falter nachgezogen. Dazu liefern Zuchtstationen aus Südamerika und Asien alle zwei Wochen 400 bis 600 Puppen. In der Puppenstube kann man sie ansehen und mit einigem Glück – oder mit einer Portion Geduld – dabei sein, wenn aus einer Puppe ein Schmetterling schlüpft. Jahreszeitlich wechselt der Bestand der schönen Exoten. Über das Jahr verteilt erleben auf der Schmetterlingsfarm über 100 Arten ihre Flugfähigkeit. Mit dem Besuch des Schmetterlingsparks kann man, auch dank der sachkundigen Einführung durch die Mitarbeiter, für Stunden in den Tropen sein. Und das nur drei Kilometer vom Ostseestrand entfernt.

Cafeteria und Souvenirshop im Schmetterlingspark bieten Entspannung und viele Geschenkartikel zum Thema Falter.

5

Alter Hafen
Am Hafen
23966 Wismar

Anlegestelle Poeler Kogge Wissemara
Nahe dem
Baumhaus Wismar
Am Hafen
23966 Wismar
Fahrtenbuchung
unter 03841 304310
www.poeler-kogge.de

Fischbrötchen, Möwen und Geschichte

Alter Hafen

Wer Wismar besucht hat und nicht am Alten Hafen war, der hat Wismar nicht wirklich gesehen. Der Alte Hafen gehört zur Hansestadt wie die mächtigen Backsteinkirchen, der Marktplatz, die Wasserkunst oder wie die stolzen Giebel der Bürgerhäuser. Die dickbäuchigen Schiffe der Handelsfahrer landen hier nicht mehr wie einst Heringe, Holz und Pelze aus dem Norden und Russland an, laufen nicht mehr mit Handwerkserzeugnissen, Getreide, Leinen und mit Wismar'schem Bier aus. Zwischen Kaikante und die alten Speicher hat sich eine neuzeitliche Häuserzeile geschoben. Doch das Hafenbecken mit den kleinen Fischerbooten, den zu Verkaufsständen umfunktionierten Kuttern, mit Fahrgastschiffen, einem Koggennachbau und nicht zuletzt mit der Magie des Wassers hat noch immer maritimes Flair. Man spürt die weite See als Möglichkeit und das Vertraute des Heimathafens.

An der stadtseitigen Kaikante haben die Verkaufskutter ihre festen Liegeplätze. Goldgelber bis glänzend dunkelbrauner Räucherfisch regt schon beim bloßen Hinsehen den Speichelfluss an. Und natürlich gibt es Fischbrötchen und heißen Backfisch. Alles hat Verführungspotenzial. Auch für die Möwen – Vorsicht, Möwe Erna nutzt die kleinste Unachtsamkeit zur Selbstbedienung. Da kann man sich schon belästigt fühlen oder auch Schadenfreude empfinden, wenn sie selbst protzig auftrumpfenden Männern im schnellen Sturzflug das Fischbrötchen wegschnappt.

Auch die hölzernen Schwedenköpfe weiter seewärts gehören zum Alten Hafen. Sie stehen für Wismars Geschichte. Im Jahre 1648 fielen »Stadt und Herrschaft Wismar« an Schweden und wurden erst 1903 endgültig Teil des Großherzogtums Mecklenburg. Der Alte Hafen ist markanter Teil der spannenden Wismarer Stadtgeschichte. Ohne ihn wäre Wismar nicht Wismar.

Eine urige Tagesfahrt hinaus in die Wismarer Bucht mit dem historischen Nachbau der Poeler Kogge *Wissemara* vom Alten Hafen aus.

6

Heiligen-Geist-Kirche
Lübsche Straße 31
23966 Wismar
03841 283528
www.kirchen-in-wismar.de

Kirche St. Marien
Kellerstraße
23966 Wismar
03841 282549

EINE STILLE WELT VOLLER SIGNALE

Heiligen-Geist-Kirche

Die Weltkulturerbe-Stadt Wismar verfügt über große und bedeutende Sakralbauten. Die Heiligen-Geist-Kirche an der Lübsche Straße ist eines der kleineren Gotteshäuser, hat aber eine sehenswerte Ausstattung. Als »offene Kirche« lädt sie zum Reflektieren, Schauen oder auch einfach zum Innehalten ein.

Ich nutze oft und gerne das Angebot der offenen Kirche. Man kommt von der lebhaften Straße in eine stille Welt, die viele Signale aussendet. Die Kirche war Teil des mittelalterlichen Heiligen-Geist-Hospitals, gegründet um 1250. Damals war der Kirchraum Gotteshaus, Klinik und Herberge für Pilger, Reisende und Obdachlose. Nach der Reformation wurde die Kirche reines Gotteshaus und erhielt die Ausstattung, die uns heute beeindruckt: den gotischen Flügelaltar, die Christusfigur an der Südwand, die bedeutende Renaissance-Kanzel, die Dreikönigsgruppe, das große Bild eines flaggengeschmückten Schiffes vor dem Panorama Wismars, die fantasievoll geschnitzten Gestühlswangen, ebenfalls aus der Renaissancezeit. Eine barocke Holzbalkendecke, die als Ersatz für die bei der Explosion eines Pulverturmes 1699 eingestürzte Gewölbedecke eingezogen wurde, prägt den Raum mit reicher Verzierung und Bildern zum ersten Buch der Bibel, von der Schöpfungs- bis zur Jakobsgeschichte.

Eine besondere Stimmung und noch mehr Stille herrscht in der Martin-Georg-Kapelle. Einer der schönsten Altäre Wismars prägt diesen Nebenraum. Zwei Heilige, Martin und Georg, flankieren eine Strahlenkranzmadonna. Den Altar schuf eine Wismarer Werkstätte im frühen 16. Jahrhundert. Die Figuren mit ihren filigranen Details sind wundersam magisch, haben eine lebendige, lebensbejahende Ausstrahlung. Zugewandt und herzensgut fühlt man den Blick der Madonna. Er scheint direkt auf einen gerichtet zu sein, sendet Stille und Frieden, schafft Gelassenheit und Ruhe.

Im Turm der St.-Marien-Kirche erfährt man viel über die Backsteingotik. Ein animierter Film lässt einen den Bau der Kirche miterleben.

7

Alter Schwede
Am Markt 22
23966 Wismar
03841 283552
www.alter-schwede-wismar.de

Welt-Erbe-Haus
Lübsche Straße 23
23966 Wismar
03841 22529101
www.wismar.de

Im ältesten Bürgerhaus der Stadt

Restaurant Alter Schwede

Der Wismarer Marktplatz ist städtebaulich eine Meisterleistung, ist Weltkulturerbe. Vorausschauende Ratsherren ließen ihn großzügig planen, damit der Handel, der die Stadt reich machte, genug Platz fände. Er misst 10.000 Quadratmeter. So gehört er zu den größten Marktplätzen Deutschlands. In Norddeutschland ist er das gewiss und bestimmt einer der schönsten. Stolze Bürgerhäuser aus allen Bauepochen begrenzen den Platz. Das herrschaftliche Rathaus dominiert. Besuchermagnet ist die Wasserkunst, erbaut am Übergang vom 16. zum 17. Jahrhundert, 1861 umfassend rekonstruiert, ein Bauwerk von zeitloser Schönheit. Gegenüber fällt ein reich gegliederter Pfeilerstaffelgiebel auf. Er prägt die Fassade des ältesten Bürgerhauses der Stadt, Gotik, um 1380 erbaut. Seit 1878, mit nur elf Jahren Unterbrechung durch notwendige Rekonstruktion des alten Gebäudes, befindet sich in diesem Haus das Restaurant *Alter Schwede*. Die Einkehr in die Traditionsgaststätte rundet den Besuch des eindrucksvollen Marktensembles glücklich ab, vermittelt den Eindruck, am gesellschaftlichen Leben einer längst vergangenen Zeit teilzuhaben. Der Gastraum mit den Backsteinwänden, dem Kamin, der Holzbalkendecke und dem Natursteinfußboden bietet das Ambiente eines gediegenen gotischen Handelshauses. Alte Gemälde, Schiffsmodelle und manch altertümliche Faustfeuerwaffe an der Wand unterstreichen den Zeitensprung in die Vergangenheit. Gediegene Ausstattung, vorzügliche Bedienung und eine sehr gute Küche mit maritimen und mecklenburgischen Schwerpunkten machen den Besuch im ältesten Bürgerhaus der Stadt zu einem gastronomischen Erlebnis.

Ach ja, auch das schwedische Königspaar hat 1993 Wismar, das ja lange schwedisches Hoheitsgebiet war, besucht und ist zum Essen im Restaurant *Alter Schwede* eingekehrt.

Im Welt-Erbe-Haus, einem sehenswerten Bürgerhaus, erfährt man viel über das alte Wismar.

8

Timmendorfer Strand
Zufahrtsstraße:
Tau'n Lüchttorm
23999 Insel Poel

Zucht- und Reitbetrieb Andre Plath
Timmendorf 31a
23999 Insel Poel
038425 20760
www.reitanlage-plath.de

Leuchtturm, Hafen, Sandstrand

Strand Timmendorf

Von den Parkplätzen am Ortseingang führt eine Straße mit Namen *Tau'n Lüchttorm* auch Zugereiste, die das Niederdeutsche als ein Stück Folklore freundlich zur Kenntnis nehmen, geradewegs zum Leuchtturm und damit zum Mittelpunkt von Timmendorf-Strand. An diesem Flecken Erde wirkt alles gemütlich-familiär. Der Leuchtturm scheint aus einem Haus herauszuwachsen. Sein weißer Schaft, der im oberen Bereich verklinkert ist, wirkt grazil. Das Leuchtfeuer unter der roten Mütze sendet aus 21 Metern Höhe sein weißes Licht 30,5 Kilometer weit aufs Meer hinaus, zeigt den Seefahrern den richtigen Weg vorbei an den Untiefen *Hannibal* und *Lieps*.

Spätestens am Leuchtturm sollte die Entscheidung gefallen sein, welche der vielen Möglichkeiten am Timmendorf-Strand man nutzen möchte. Zunächst lockt der Hafen mit einer wellenbrechenden Mole aus Felsen, Anlegestegen für Sport- und Fischerboote und einem eigenen Pier für Seenotretter und Lotsen. Es werden natürlich auch Mitfahrgelegenheiten hinaus auf die See angeboten. Vor der Hafeneinfahrt fand man die Reste einer einst gesunkenen Kogge. Fachleute entwickelten daraus die Baupläne dieses Schifftyps. Heutzutage kann man den originalgetreuen Nachbau, die Poeler Kogge *Wissemara*, am Fundort vorbeisegeln sehen.

Man kann sich auch links halten, am Kliff entlangwandern, den Ausflug zu einer geologischen Lehrwanderung über die Wirkungen eiszeitlicher Gletscher werden lassen, oder man setzt sich auf einen der Steine am Ufer und sieht den Kormoranen auf den Steinen im Wasser bei der Gefiederpflege zu. Hält man sich rechts, dann kommt man an den langen, breiten Sandstrand und an allerbestes Badewasser mit einem Flachwasserbereich, in dem die lieben Kleinen wunderbar planschen können. Also richtige Sommer-, Sonne-, Badefreuden.

Mit Ponyreiten und Strandritten wirbt der *Zucht- und Reitbetrieb André Plath* in Timmendorf. André Plath ist aktiver Springreiter.

9

Inselmuseum
Möwenweg 4
23999 Insel Poel
038425 20732
www.insel-poel.de

Café Frieda
Oertzenhof 4
23999 Insel Poel
038425 429820
www.cafe-frieda.de

ALLES RUND UMS EILAND

Inselmuseum in Kirchdorf

Die Anfahrt zur Insel Poel hat einen besonderen Reiz, rechts und links die Salzwiesen, das Wasser, Pferde und Wasservögel, in der Ferne die Türme der Wismarer Kirchen und darüber der weite nordische Himmel. Es mag auch den Maler Karl Christian Klasen beeindruckt haben. Jedenfalls mietete er sich um 1935 im alten Fährhaus ein und kam danach oft auf die Insel. Klasen wurde 1911 in Güstrow geboren. Seine Familie war begütert. Er malte, musizierte, schauspielerte schon als Gymnasiast. Die Weltwirtschaftskrise beendete das bevorzugte Leben der Familie. Klasen musste das Gymnasium verlassen, nahm eine Kunsttischlerlehre auf. Doch er wollte malen, wollte als Maler leben. So kam er nach Poel, fand hier die Motive, die ihn faszinierten: Menschen mit Tradition und eine fruchtbare Landschaft, in der Wind und Wasser immer gegenwärtig sind. Klasen starb im Februar 1945 in Königsberg an seinen Kriegsverletzungen.

Nun ist eine Auswahl von Karl Christian Klasens Arbeiten nach Poel zurückgekehrt. Das kleine und sehenswerte Inselmuseum im ehemaligen Schulhaus zeigt sie in einer Dauerausstellung. Doch bevor man die Treppe zu Klasens Bilderwelt hinaufsteigt, kann man im Erdgeschoss alles über die wechselvolle Inselgeschichte erfahren. Hier lernt man seinen Urlaubsort kennen. Poel bietet weit mehr als Strand und Fischessen. Allein die morphologische Entwicklung der Insel in Zusammenhang mit den wechselnden Wasserständen der Ostsee ist spannend. Im Museum ist sie erlebbar. Auch die Kulturgeschichte wird belegt – von der Steinzeit über die Schwedenzeit bis hin zu interessanten Objekten des Vorgestern. Auch dem volkstümlichen Kunstschaffen wird Platz geboten. Draußen erzählt der Findlingsgarten von den Wegen eiszeitlicher Gletscher. Besondere Poeler Bauwerke sind als Modelle zu sehen, so das Schloss, das nach einem Orkan 1705 verfiel.

Das *Café Frieda* in Oertzenhof auf Poel hat Kultcharakter in Sachen Kunst und Kuchen, und auch der nahe gelegene Strand am Schwarzen Busch ist verlockend.

10

Leuchtturm Buk
Zum Leuchtturm
18230 Bastorf

Ostseecamp Seeblick
Meschendorfer Weg 3 b
18230 Rerik-Meschendorf
038296 78480
www.ostseecamp.de

EIN BRIEFMARKENMOTIV BESUCHEN

Leuchtturm

Wer den höchstgelegenen Leuchtturm in Deutschland besuchen will, der muss den Bastorfer Berg ersteigen. Was bei einer Geländehöhe von 78 Metern über Null eher keine Herausforderung sein sollte. In Bastorf ist der Weg zum Leuchtturm ausgeschildert. Vom Parkplatz bleibt noch ein Fußweg von gut 500 Metern. Der Leuchtturm gründet auf großen Findlingen. Sein Schaft besteht aus einem dreischaligen Mauerwerk. 1,5 Jahre vermauerten hier einheimische Handwerker den roten Backstein. Am 1. Dezember 1878 nahm der Leuchtturm Buk den Betrieb auf. Seitdem markiert sein Feuer für den kundigen Seefahrer die Ansteuerung in die Wismarer Bucht und warnt zugleich vor den gefährlichen Untiefen. Auch nach der Sanierung, 1992 bis 1994, liefert noch das originale Drehlinsensystem mit vier hellen und einem abgedunkelten Bereich das charakteristische Lichtsignal bei einem 180-Sekunden-Umlauf um eine 400-Watt-Halogenmetalldampflampe. Alle 45 Sekunden sendet das System vier Lichtblitze hinaus aufs Meer.

Der Bastorfer Berg ist ein schöner Ort. Sitzgruppen mit Blick auf abfallendes Land, auf die Küste und auf das Meer in den Farben des Himmels laden zum Verweilen ein. Weit eindrucksvoller ist der ungehinderte Fernblick von der begehbaren äußeren Plattform, 55 Stufen hoch. Und wenn man sich sattgesehen hat, die 55 Stufen wieder hinabgestiegen ist, dann lädt das *Café & Restaurant Valentins* zum Sattessen ein.

Übrigens hat die Deutsche Post in der Edition Juli 2014 den Leuchtturm Buk als ein Motiv für die 45-Cent-Briefmarke gewählt. Manchmal denke ich, dass die heutigen Navigationssysteme die Leuchttürme aus der Zeit fallen lassen. Schade eigentlich. Es ist ein so schöner Gedanke, dass da ein Licht ist, das einem den Weg weist.

Campingfreunde finden im nahen Meschendorf einen Platz mit ADAC-Empfehlung.

11

Seebrücke Heiligendamm
18209 Bad Doberan-
Heiligendamm

DIE BADESTELLE DES HERZOGS

Seebrücke

Zum Kopf der Seebrücke Heiligendamm geht man fast 200 Meter über das Wasser der Ostsee. Von hier aus überblickt man die Komplexität der Anlage, die Mecklenburgs Herzog Friedrich Franz ab 1793 errichten ließ. Damals kam die Kunde von England her, dass das Baden im Salzwasser nicht nur möglich, sondern auch gesund sei. Dieser Idee folgte der Herzog. In der Nähe seiner Sommerresidenz Bad Doberan sollte ein Seebad entstehen, und zwar genau da, wo eine Sturmflut den »Heiligen Damm« aufgeschüttet hatte, der Bad Doberan Schutz bot. Herzog Friedrich Franz ging es herzoglich an, soll 1.000 Männer seines Landes an das Heer des Königs von Oranien verkauft haben, um sein Seebad finanzieren zu können. 1794, so ist berichtet, stieg der Herzog höchstselbst in die Fluten der Ostsee. Wahrscheinlich von einem Badekarren aus. Doch wie mag er bekleidet gewesen sein? Hatte er eine Badeuniform?

Bis zum Jahr 1870 erprobten sich die führenden Baumeister des Landes und der Zeit an Logier-, Bade- und Gesellschaftshäusern. Sie schufen ein Ensemble, das in der Summe eine Kunstepoche repräsentiert. Klassizistisch wie das Haupthaus, verspielt wie die Burg Hohenzollern.

Nach der herzoglichen Zeit erfuhr das Seeheilbad Heiligendamm eine wechselvolle Geschichte. Die Besitzer gingen und kamen, sorgten für Ab und Auf. Heute strahlen viele Gebäude wieder klassizistisch weiß. Das Ensemble wurde für würdig befunden, im Jahre 2007 den Staatslenkern der G-8-Mächte als Tagungsort zu dienen. Eine Hotelkette der Edelklasse hat hier eine Fünfsterneresidenz etabliert. Somit ist der Werbeslogan an der Autobahn A 20 »Heiligendamm – erstes deutsches Seebad« zweideutig – ist die Aussage zeitlich oder qualitativ zu sehen? Oder gar beides?

Neben dem Deich führt ein geteerter Weg ostwärts bis Börgerende. Rast machen am »Kollerstrand« mit brandungsgerundeten Steinen.

12

Doberaner Münster
Klosterstraße 2
18209 Bad Doberan
038203 62716
www.muenster-doberan.de

EINE PERLE DER BACKSTEINGOTIK

Doberaner Münster

Das Doberaner Münster wird hoch gelobt. Der Besuch zeigt, wie berechtigt diese Einschätzung ist. Die hochgotische Zisterzienserkirche mit ihrer beeindruckenden Architektur und der Fülle an hochwertiger Kunst vermag als komplexes Kunstobjekt früherer Zeiten auch heute noch die Menschen in ihren Bann zu ziehen. Bewundernd und voller Staunen sieht man, was die Zisterzienser und die mittelalterlichen Künstler und Handwerker geschaffen haben. Die Mönche gründeten am Ende des 12. Jahrhunderts bei Doberan das erste Kloster in Mecklenburg, eine landesfürstliche Schenkung. Eine romanische Klosterkirche wurde 1232 geweiht und bald durch den größeren Kirchneubau ersetzt, den wir heute erleben können. Er fiel prächtiger aus, als die Zisterzienser, denen Bescheidenheit als Ordensritual gilt, gewöhnlich bauten. Schon im Mittelalter wurde das Kloster die Hauptbegräbnisstätte der landesfürstlichen Familie; das führte zu zahlreichen Spenden und zu der wertvollen Ausstattung. Zu unserem Glück brachen dann schlechtere Zeiten für das Kloster an. Die Folgen der Reformation und die verstärkte Zuwendung der Landesfürsten an Schwerin bewirkten, dass für Erneuerungen im Stil späterer Epochen – Renaissance, Barock und Rokoko – kein Geld da war. So können wir heute im Doberaner Münster so viele mittelalterliche Objekte erleben wie europaweit in keiner anderen Zisterzienserkirche. Darunter ist vieles kunsthistorisch bedeutend und von beeindruckender Ausdruckskraft, wie der Hochaltar (1300), der Kelchschrank (um 1300), der Kreuzaltar (um 1360) oder der Marienleuchter (1400). Die Nennungen sind eine kleine subjektive Auswahl. Die Führungen durch das Münster, die täglich mehrfach angeboten werden, zeigen weit mehr Kunstschätze, die einen so tief berühren, dass man froh ist, sie gesehen zu haben.

Klosterladen und Klostercafé ermöglichen einen guten Übergang von der Klosterzeit zurück ins Heute.

13

Mecklenburgische Bäderbahn Molli
Abfahrtsstellen: Bahnhof/Stadtmitte/Severinstraße/Goethestraße
18209 Bad Doberan
038293 431331
www.molli-bahn.de

Molli-Museum
Fritz-Reuter-Straße 1
18225 Kühlungsborn
038293 431331

WARUM DER MOLLI »MOLLI« HEISST

Mit der Bäderbahn Molli nach Kühlungsborn

Schon mit dem Abfahrtssignal stößt die Lokomotive dicke Dampfwolken aus. Zischend und prustend gewinnt der *Molli* an Fahrt. Dieses nostalgische Erlebnis für die Insassen und für die Zuschauenden wiederholt sich in der Saison im Stundentakt. Schon bald nach Verlassen des Bahnhofs quert die Kleinbahn bimmelnd die Bundesstraße und nimmt den Weg durch das belebte Bad Doberan. Wie in einer alten Straßenbahn, von Dampfschwaden begleitet und die Fahrtbewegung immer spürend, geht es an Geschäften und Fußgängern vorbei, als schaue man vom Früher auf das Heute. Der mecklenburgische Großherzog Friedrich Franz III. erteilte 1886 die Konzession für den Bau einer Dampfstraßenbahn, die das Moorbad Bad Doberan und das Seebad Heiligendamm verbinden sollte. 1908 beschloss man die Erweiterung der Strecke mit der Spurweite 900 Millimeter bis Arendsee (Kühlungsborn-Ost). Der *Molli* ist heute ein rollendes Museum. Lokomotiven von 1932 ziehen originalgetreu nachgebaute Waggons. Jährlich erleben über eine halbe Million Fahrgäste Zugfahren wie vor 100 Jahren. Zwei Kleinbahnzüge betreibt die Mecklenburger *Bäderbahn Molli GmbH* auf der heute 15,43 Kilometer langen Strecke zwischen Bad Doberan und Kühlungsborn-West. Nach der Stadtdurchfahrt mit mehreren Haltestellen geht es, mit einer Spitzengeschwindigkeit von 40 Stundenkilometern, Heiligendamm entgegen. Dort kreuzen sich die beiden Zugpaare. Kühlungsborn erreicht der *Molli* nach etwa 40 Minuten.

Aber warum heißt die Kleinbahn »Molli«? Man hat mir das so erzählt: Als die Kleinbahn ihren Betrieb aufgenommen hatte, lief ihr bellend der Mops »Molli« hinterher. Frauchen rief lautstark: »Halt, Molli! Molli, halt!« Der Zug hielt, und die Einwohner fanden, der Zug müsse auch »Molli« heißen. Hätte er sonst gehalten?

Nach dem Besuch des *Molli-Museums* an der Endhaltestelle Kühlungsborn –West lohnt der Gang durch die lange Ostseeallee mit Strandnähe, gastronomischen Angeboten und viel Bäderarchitektur.

14

Gespensterwald
oberhalb des Strandes
Parkplatz an der
Promenade
Über Strandstraße
18211 Nienhagen
www.wald-mv.de

Hotel und Ausflugsgaststätte Wilhelmshöhe
Wilhelmshöhe 1
18119 Rostock
0381 548280
www.ostseehotel-wilhelmshoehe.de

IM BANN SELTSAMER BAUMGESTALTEN

Gespensterwald

Der Blick vom Nienhäger Strand auf die Steilküste erhält durch den darüber aufragenden Wald etwas ganz Besonderes. Die alten Buchen mit ihren hellen Stämmen und dem merkwürdig schlängelnden Geäst, das dem Wind zu fliehen versucht, wirken fremd, fast gespenstisch. Deswegen nennt der Volksmund den 100 Meter breiten küstennahen Streifen des Nienhäger Holzes den »Gespensterwald«. Gleich westlich vom barrierefreien Strandausgang führt oben auf dem Kliff der Wander- und Radweg direkt zwischen die besonderen Bäume. Zuerst wird der Eindruck noch durch das Unterholz aus nachwachsenden »Gespenstern« gedämpft. Aber schon kaum 100 Meter weiter sieht der Wald anders aus, als Wälder sonst aussehen. Der Boden wie frisch gefegt. Kein Unterwuchs, keine welken Blätter, nur karges Moos und kurze Grashalme. Darüber wirken die glatten astlosen Buchenstämme wie Säulen, hingesetzt, um das windgestaltete Kronengeäst zu tragen. Nur wenige krumm und schief wachsende Eichen unterbrechen die Harmonie der dickstammigen Buchen. Der Gespensterwald verdankt seine Exklusivität den Bodenverhältnissen und dem Wind, der hier salzhaltig ist und im Mittel doppelt so stark bläst wie im Binnenland.

Die Augen haben unendlich viel zu entdecken und wandern doch immer wieder zwischen den Bäumen hindurch zum Meer. Licht und Farben spielen miteinander, sind Kontraste und Einklang zugleich. Der 1.300 Meter lange Weg durch den Gespensterwald bietet einige Abzweigungen, die dicht an die bis zu zwölf Meter hohe Kliffkante führen. Von dort ist die Forschungsplattform über dem künstlichen Riff 1,5 Kilometer vor der Küste gut zu sehen, und es sind ideale Beobachtungsorte für den Sonnenuntergang. Im fahlen Dämmerlicht soll es, sagt man, im Gespensterwald auch mal spuken. Ist das nicht eine schaurig-schöne Aussicht?

Auf dem Küstenweg in Richtung Warnemünde (circa fünf Kilometer östlich vom Gespensterwald) hält die traditionsreiche Ausflugsgaststätte *Wilhelmshöhe* ein gutes Speise- und Imbissangebot vor.

15

Alter Strom
Am Strom
18119 Rostock-
Warnemünde

West- oder Mittelmole?

Flaniermeilen am Alten Strom

Der Blick von der Drehbrücke über den Alten Strom zeigt Warnemünder Flair in seiner stärksten Ausprägung. Der Nordwestwind bläst einem ins Gesicht. Möwen kreisen kreischend um die bunten Fischerboote, die an der Mittelmole angelegt haben, um ihren Fang anzulanden. Über das Wasser voller Lichtreflexe geht der Blick zur Westmole, auf die lange Reihe der Schiffe, die maritimen Tourismus anbieten, auf die Veranden und Giebel der Warnemünder Häuser und auf flanierende Menschen. Die 30 Meter lange Drehbrücke, die auch heute noch mittels Handkurbel zu bewegen ist, verbindet Mittel- und Westmole und trennt die Westseite des Alten Stroms in eine verträumte und eine merkantile Idylle. Wohin gehen?

An der Mittelmole findet man die aktive Fischerei und fangfrische Angebote, dazu interessante Geschäfte, skandinavisch bis chic, und gute Gaststätten mit Sicht auf die lebhafte Westseite. Dort lebten die Fischer in ihren traditionellen Langhäusern, als hier noch die Warnow floss. Dann kamen die Badegäste. Die Fischer setzten Veranden vor ihre Häuser, die sie zum Saisonende wieder abbauten. 1886 wurde die Westmole verlängert, um Platz für die Postdampferroute Warnemünde-Gedser zu schaffen. Ab 1903 führt der Seeverkehr nach Rostock durch den Neuen Strom. Der Alte Strom wurde zum ruhigen Hafen der Fischer. Und zur belebten Flaniermeile der Badegäste. Das ist die Westmole bis heute geblieben. An der Kaikante locken Backfisch-Boote mit lecker Fischbrötchen, rufen die Werber die nächste Hafenrundfahrt aus. Darüber, vor den einstigen Fischerhäusern, halten Geschäfte und Gastronomie vielseitige Angebote für jeden Geschmack bereit, für jeden Geldbeutel. Trotzdem, der Gang am Alten Strom entlang ist wie ein schöner Ausstieg aus dem Alltag.

Folgen Sie der Außenmole bis an ihr Ende. Um 1900 als Sandfang gebaut schenkte sie Warnemünde den herrlich breiten Sandstrand. Oder genießen Sie die Aussicht vom Leuchtturm.

16

Kunsthalle Rostock
Hamburger Straße 40
18069 Rostock
0381 3817008
www.kunsthallerostock.de

EIN GLÄSERNES DEPOT FÜR DIE KUNST

Kunsthalle Rostock

Neben der viel befahrenen Hamburger Straße, stadtauswärts und inmitten alter Bäume, befindet sich seit 1969 die Rostocker Kunsthalle. Der Bau galt in der ehemaligen DDR als einmalig und sollte Hort des Sozialistischen Realismus werden.

Die Präsentationen inländischer, nordischer und moderner Kunst zogen Besucherströme an. Ein langer Niedergang folgte. Schließung drohte. 2009 begann ambitioniert ein Neustart. Zahnarzt Dr. U. Neumann und der Verein pro Kunsthalle e.V. übernahmen das Objekt. Mit dem Ziel, Publikumsgunst durch Qualität und hohen künstlerischen Gehalt zu erwerben, erblühte das Renommee der Kunsthalle als starkes Forum für die Kunst aus und für Mecklenburg-Vorpommern. National und international bedeutende Künstler wie Arno Rink, Gerhard Richter, Georg Baselitz, Norbert Bisky stellten hier aus. Glänzendes Feedback folgte. Die Ausstellung *Palast der Republik – Utopie, Inspiration, Politikum* wurde von der deutschen Sektion des Internationalen Kunstkritikerverbandes zur Ausstellung des Jahres 2019 gewählt.

Mit den Jahren bedurfte die Kunsthalle einer Modernisierung. Das Team um Dr. Neumann präsentiert jedoch ungebrochen hochwertige Kunst. Dazu wird das 2018 gebaute Schaudepot mit über 700 Quadratmeter Ausstellungsfläche genutzt. Verteilt auf zwei Etagen lagert dort in Schränken und Vitrinen der umfangreiche museale Fundus: rund 575 Gemälde, 8.700 Grafiken, 120 Fotografien und 235 Plastiken. Hinter Glas sind Teile der Sammlung bei interessanten Depotführungen zu sehen. Dadurch wird den Besuchern ein nachhaltiger Genuss garantiert. Mit Abschluss der Sanierungen des Hauptgebäudes erstrahlt die Ausstellung im neuen Glanz und in voller Entfaltung.

Der IGA-Park und das Schiffbau- und Schifffahrtsmuseum auf dem Traditionsschiff sind weitere Rostocker Attraktionen rechts vom Weg nach Warnemünde, nicht nur bei Großveranstaltungen.

17

Darwineum Rostock
Zoo Rostock
Barnstorfer Ring 1
18059 Rostock
0381 20820
www.zoo-rostock.de

Botanischer Garten
Hamburger Straße 28
18069 Rostock
0381 4986250
www.garten.uni-rostock.de

Vom Feuerball zum Ort des Lebens

Darwineum im Zoo

Wer die Lehren Darwins über die Entstehung der Arten verstehen will, der ist im *Darwineum* des Rostocker Zoos richtig. Und der, der »seinen« Darwin zu kennen meint, sowieso. Der Gang durch die Ausstellung zur Evolution wird zu einem kurzen Weg durch die lange Erdgeschichte. Man durchlebt das Abenteuer der Evolution. Hautnah, nachvollziehbar und hochinteressant. Da kreisen Galaxien und blubbern glühende Materiewolken. Ausstellungskojen folgen, zeigen anschaulich charakteristische Entwicklungsepochen des Lebens auf unserer Erde. Im Schnelldurchlauf erleben wir, wofür die Natur gewaltige Zeitspannen benötigte. Man sieht beeindruckende Lebensräume. Die überbordende Vielfalt und Schönheit der Arten im nachgestalteten Korallenriff bleibt ein Wunder, auch wenn es nur, wie Darwin es uns lehrte, die Anpassung durch Auslese an lang genug wirkende Lebensbedingungen ist.

Die Spirale der Evolution führt auf uns zu, respektive in die Welt unserer nahen Verwandten, der Menschenaffen. Die großzügige Tropenhalle des Zoos ist eine vielgestaltige Spielwiese für Primaten und zugleich ideal, um Flachlandgorillas, Orang-Utans, Weißhandgibbons und Co zu beobachten. Auch der menschlichen Entwicklung wird im *Darwineum* Platz eingeräumt. Eine interaktive Ausstellung zur kulturellen Evolution regt zum Nachdenken über uns und unseren Umgang mit der Natur an.

Das *Darwineum* ist ein idealer Einstieg, um den Zoo bewusst zu erleben. 4.000 Tiere aus 380 Arten bevölkern die 56 Hektar große Fläche. Dazu gibt es einen prächtigen alten Baumbestand. 2018 wurde der Zoo Rostock in seiner Kategorie als »Bester Zoo Europas« ausgezeichnet. 2018 ist als weiterer Anziehungspunkt das *Polarium* eingeweiht worden, eine polare Welt für Eisbären und Pinguine. Bestimmt wird dann auch wieder ein kleiner Eisbär eiskalt zum Publikumsliebling werden.

Über 5.000 Pflanzenarten zeigt der Botanische Garten in Rostock.

18

Altstädter Stuben
Altschmiedestraße 25
18055 Rostock
0381 4590921
www.altstaedter-stuben.de

Ein gastliches Gewölbe

Restaurant Altstädter Stuben

Im Jahre 1677 jagte der starke Nordostwind ein verheerendes Flammenmeer durch die Straßen und Gassen des alten Rostock. Die enge ärmliche Bebauung in der östlichen Altstadt bot den Flammen leichte Nahrung. Es heißt, das Feuer sei dort in einer Bäckerei ganz nah am Alten Markt ausgebrochen. Genau an diese Stelle möchte ich Sie führen. Dort in der Altschmiedestraße befindet sich heute das Restaurant *Altstädter Stuben*. Die sachliche Fassade des Gebäudes weist nicht auf alte Bausubstanz hin. Man muss schon hineingehen, die Gaststube durchqueren, an dem Ausgang zu einer schönen Innenstadtterrasse vorbeigehen, dann führt eine Treppe hinab in einen alten, urigen Gewölbekeller. Er ist aus Backstein gemauert. Indirektes Licht und der warme Farbton des Mauerwerkes erzeugen eine besondere Stimmung. Man fühlt sich angenommen, angekommen und will gerne bleiben. Die Küche tut das ihre dazu, bietet gute regionale Gerichte und gestattet sich auch Ausflüge ins Mediterrane.

Das alte Gewölbe weckt historische Reminiszenzen. Als die Rostocker Stadtwerdung begann, siedelten sich hier auf den Hügeln am westlichen Warnowufer in gottgefälliger Armut Zuzügler aus Holstein, Sachsen und Westfalen an. Sie waren traditionell als Dienstleister, Handwerker und kleine Kaufleute tätig. Ihre große Zahl und ihr Mitwirken am Aufschwung des Ortes waren ein Grund dafür, dass am 24. Juni 1218 der Fürst zu Mecklenburg Rostock das Stadtrecht verlieh. Ein denkwürdiger Termin. Wenn Rostock im Jahre 2018 das 800-jährige Stadtjubiläum begeht, und nicht nur dann, ist die östliche Altstadt einen Besuch wert. Und dabei im Gewölbekeller der *Altstädter Stuben* mit einem Rostocker Kümmel den genossenen Entenbraten zu begießen, das könnte ein ganz persönlicher Festakt werden.

Einen Eindruck von Rostock im 16. Jahrhundert liefert ein Bronzerelief in der Straße Glatter Aal, Grundlage ist die historische »Vicke-Schorler-Rolle«.

19

Kloster Ribnitz und Deutsches Bernsteinmuseum
Im Kloster 1–2
18311 Ribnitz-Damgarten
03821 4622 (Kasse)
Bernsteinmuseum:
03821 2931
www.kloster-ribnitz.de
www.deutsches-bernsteinmuseum.de

»Nonnenstaub« und »Gold des Nordens«

Kloster Ribnitz und Deutsches Bernsteinmuseum

Die meisten Menschen betreten das Kloster Ribnitz, um das Deutsche Bernsteinmuseum zu besuchen. Doch auch der Gang durch die Klosterkirche ist lohnend. Dort kann man der Kloster- und Stiftsgeschichte sowie dem Leben der Nonnen und der evangelischen Stiftsfräulein nachspüren. Anno 1323 stiftete Heinrich von Mecklenburg, genannt »der Löwe«, den Klosterbau an der Ostgrenze seines Hoheitsgebietes dem mecklenburgischen Fürstenhaus. Zugleich versorgte er damit seine Tochter Beatrix. Sie wurde, nachdem 1329 vier Nonnen aus dem Klarissenkloster zu Weißenfels ihr heiliges Wirken hierher verlegt hatten, die erste fürstliche Äbtissin im Orden der heiligen Clara zu Ribnitz. Das Kloster entwickelte sich gut. Bis zu 60 Nonnen lebten hier. Es blieb über die Reformation hinaus erhalten. Erst 1599 wurde das Kloster von den mecklenburgischen Landständen übernommen und in ein Damenstift für zwölf evangelische unverheiratete Töchter landständischer Familien umgewandelt. Die letzte im Kloster lebende Stiftsdame verstarb 1961.

Für die hiesigen beeindruckenden Zeugnisse früher sakraler Schnitzkunst sollte man sich Zeit nehmen. Die *Ribnitzer Madonnen* sind sehenswert. Daneben erzählen Tafelbilder von der Frömmigkeit der Nonnen, und vier Vitrinen mit »Nonnenstaub« geben Einblicke in das reale Leben der Frauen zwischen Gebet und Meditation. Als »Nonnenstaub« bezeichnet man die Funde unter den Sitzreihen der Nonnen. Was sie mitnahmen, um sich die langen Andachten im Chor der Kirche zu verkürzen, ist weltzugewandt, verrät geheim gehaltene Träume.

Die Stiftsdamen führten auf dem Klostergelände ein standesgemäßes Leben. Ihrer »Domina« standen die Räume zur Verfügung, in denen heute das Deutsche Bernsteinmuseum Sie bestens über Natur, Geologie, Kunst und Kultur rund um das »Gold des Nordens« informiert.

Der Eintritt in das Deutsche Bernsteinmuseum schließt den Besuch der Klosterkirche ein.

20

KÖRKs Strandarena
Am Bernsteinsee 1
18311 Ribnitz-Damgarten-Körkwitz
www.koerks.de

MIT TEMPO ÜBERS WASSER FLITZEN

KÖRKs Strandarena

Auch beim zweiten Versuch gelingt Julia der Start nicht. Statt zu gleiten, landet sie kopfüber im See. Der Wassersportlehrer spricht mit ihr, bestimmt erklärt er ihr noch mal die richtige Körperspannung in leichter Rückenlage. Dritter Versuch. Ein kleiner Wackler, dann hat sie es geschafft. Ob sie unseren Applaus noch gehört hat? Als sie wieder vorbeikommt, lächelt sie zufrieden. Man versteht es, denn schon beim Zusehen kribbelt es in einem, selbst mit 30 Stundenkilometern über das Wasser zu flitzen.

Der Bernsteinsee am Ortsausgang von Körkwitz in Richtung Dierhagen entstand durch Renaturierung einer stillgelegten Kiesgrube. Ein Teil des Sees ist Naturschutzgebiet, den anderen Teil nutzt seit 2006 *KÖRKs Strandarena*, die sportliche Erlebnisse für die ganze Familie anbietet. Hauptattraktion ist die Wasserski- und Wakeboard-Seilbahn. Sie hat eine Umlauflänge von 830 Metern. Nahezu geräuschlos bewegt der Elektroantrieb die Anlage. Bis zu zehn Nutzer können gleichzeitig am Seil eingeklinkt sein. Auf dem Parcours bilden Hindernisse und eine Sprungschanze sportliche Herausforderungen. Ein Slogan des Betreibers lautet: »Pack die Badehose ein, alles andere haben wir« – teils kostenfrei, teils als Leihausrüstung gegen Gebühr. Kurse für Anfänger werden geboten, generell erhalten sie eine gründliche Einweisung. In *KÖRKs Strandarena* erwarten einen aber noch weit mehr sportliche Möglichkeiten: Beachvolleyball, Adventure-Minigolf, Badestrand und ein Wanderweg rund um den See. Oder man genießt das gastronomische Angebot von *Captain KÖRKs Restaurant*.

Wieder gleitet Julia vorbei. Jetzt nimmt sie die Kurve vor dem Startplatz so fesch, dass sie eine hohe Fahrtwelle aufwirft. Man sieht, wie viel Spaß es ihr macht.

Der nahe gelegene Strandabschnitt zwischen den Ostseebädern Neuhaus und Dierhagen offeriert ruhige Ostseefreuden.

21

Ausblick vom über den Saaler Bodden vom **Turm der Evangelische Kirche Wustrow**
Hafenstraße 2
18347 Wustrow
038220 338
www.kirche-mv.de/wustrow.html

88 STUFEN?

Turm der Evangelischen Kirche

88 Stufen seien es bis zum Aussichtsrundgang, höre ich eine Frau zu ihrem Begleiter sagen. 88, wenn das kein Signal ist. Ich wollte sowieso auf den Turm der Kirche Wustrow steigen, nun muss ich es. Eine gute Aussicht ist zu erwarten, zumal die Kirche auf einem kleinen Hügel liegt. Der ist im flachen Fischland, dem Land der Wiesen und des Lichtes, eine Sage wert: Ein weißer Riese, vielleicht gar Gott Swantewit höchstselbst, soll ihn aufgeworfen haben, als er mit seinem Schimmel zum Absprung ansetzte.

Als ich den Rundgang betrete, überwältigt mich der Ausblick über den Saaler Bodden. Vom Wustrower Hafen legen gerade Zeesboote mit ihren dunkelroten Segeln zur Boddenrundfahrt ab. Das Gewimmel an Booten erinnert an die Vergangenheit der Stadt. »Wustrow« war ein »umflossener Ort«, so die Deutung des Ortsnamens. Die Mündungsarme des Flusses Recknitz verbanden schiffbar den geschützten Hafen im Bodden mit der Ostsee. Das machte Wustrow zu einem bedeutenden Zentrum der Segelschifffahrt. Um 1850 hatten hier 250 Großsegler ihre Heimat. Später wurden in Wustrow Nautiker für die Seefahrt ausgebildet. Auf dem Turm der 1873 geweihten Kirche übten die Schüler der Großherzoglichen Mecklenburgischen Navigationsschule das Navigieren.

Ich schaue und schaue, blicke über den Ort, hinüber zur Ostsee, und immer wieder zieht die oft unterschätzte Boddenlandschaft den Blick auf sich. Das Licht scheint hier besonders hell zu sein. Der Rundumblick hat mich so gefesselt, dass ich unsicher bin. Habe ich mir die Stufenzahl richtig gemerkt? Waren es wirklich nur 86? So zähle ich beim Abstieg erneut. Jetzt komme ich auf 89. Die Aufsicht sagt, es wären 92 Stufen. Man zählt wohl schlecht, wenn die Gedanken noch bei dem schönen Ausblick sind.

Auf dem Weg zu Seebrücke und Strand von Wustrow kann man an Imbissständen mit gutem Fischangebot den schnellen Hunger stillen.

22

Borner Kulturstraat
Startpunkt: Gänsemarkt/
Auf dem Ende 1
18375 Born am Darß
038234 50421
www.darss.org

Darßer Sommertheater
Chausseestraße 90
18375 Born am Darß
Karten unter 038234 50421

HÄUSER UND MENSCHEN VON DAMALS

Kulturstraat

Es gibt Ortschaften, die zu schade sind, daran vorbeizufahren. Born gehört für mich dazu. Auch wegen der *Kulturstraat* (Kulturstraße). Es tut gut, zwischen Ahrenshoop und Wieck von der Bäderstraße abzubiegen und nach Born hineinzufahren. Auf dem Parkplatz an der Kurverwaltung kann man das Auto abstellen und den Ort fußläufig erleben. Vieles ist in Born noch ursprünglich. Die Häuser sind gepflegt, scheinen sich unter dem tiefen Rohrdach zu ducken und zeigen doch stolz ihre Vorgärten und ihre traditionellen Darßer Haustüren, verziert mit farbenfrohen geschnitzten Motiven. Unwillkürlich wird der Schritt langsamer, gewinnt die Beschaulichkeit gegenüber der Betriebsamkeit die Oberhand. Da betritt man schon mal einen der Stege an den Durchstichen zum Wasser und genießt den stillen Charme der Boddenlandschaft.

Und man bleibt auf der Straße an einem der schwarz gestrichenen Buhnenpfähle stehen. »Uns' Dörp/Born damals« (»Unser Dorf/…«) lautet die Inschrift der Stele am Buhnenkopf, und darunter gibt es in Bild und Wort Informationen zu den Häusern, ihren Bewohnern und zu Darßer Traditionen, damals vor unserer Zeit. Um die 20 dieser Pfähle erinnern liebevoll an frühere Zeiten, ziehen sich entlang der *Kulturstraat* durch Born, verbinden das Gestern mit dem Heute. Man erfährt zum Beispiel, was es mit dem Borner »Tonnenbund« auf sich hat, warum ein Vorort Kapstadts den Namen eines Borner Kapitäns trägt und dass seit den 1930er-Jahren Künstler Born aufsuchten, um hier zu malen. Erstaunlich, wie das Wissen um die Vergangenheit die Gegenwart belebt und zugleich verpflichtet, nicht alles Althergebrachte durch heutige Schnelllebigkeit zu ersetzen. Die *Kulturstraat* ist ein starkes Signal. Mit der Besinnung auf seine Geschichte setzt Born Maßstäbe für seine Entwicklung hin zum sanften Bädertourismus.

Tipp: Kultur erleben im Darßer Sommertheater!

23

Weststrand
Zwischen Ahrenshoop und Darßer Ort
Startpunkt: Parkplätze an der L21 östlich vom Ortsausgang
18347 Ahrenshoop

Kur- und Tourismusbetrieb Prerow
Gemeindeplatz 1
18375 Prerow
038233 6100
www.darss.org

BERNSTEIN FINDEN ALS ZUGABE

Ausflug zum Weststrand

Der Weststrand ist ein ganz besonderer Abschnitt an der vielgestaltigen Küste von Mecklenburg-Vorpommern. Nicht wenige nennen ihn, wenn sie nach ihrem Lieblingsstrand gefragt werden. Ich gehöre zu ihnen. Dabei ist es immer mit körperlichem Aufwand verbunden, ihn zu erreichen. Von Ahrenshoop kommend ist es noch leicht zu Fuß möglich – von den Parkplätzen an der Bäderstraße aus, vor dem Darßer Wald oder *Drei Eichen* (circa 1,5 Kilometer im Wald links). Von Born, Wieck und Prerow aus sind Fahrräder das übliche Transportmittel. Die gut mit dem Rad befahrbaren Wege durch den Wald mit Urwaldcharakter sind für motorgetriebene Fahrzeuge gesperrt.

Der Weststrand bietet auf zehn Kilometern viel Einsamkeit und unendlich viel Schönheit, ist ein langes weißes Band zwischen Ostsee und dem Wald, dessen Baumkronen der Wind ausgerichtet hat. Von der nagenden Brandung bei Sturmlagen entwurzelte Baumriesen liegen im Sand, sind Keimzellen für Strandburgen aus Totholz, besiedelt von meist urigen Typen. Manchmal steht Torf oberflächlich an, liefert schwarze Farbbänder.

Der Weststrand ist ideal für Liebhaber naturnaher Strände, ohne Strandkörbe, Strandmuscheln, ohne überflüssige Textilien. Hier kann man bei langen Spaziergängen die Seele lustvoll baumeln lassen. Die Möglichkeit, dabei am Spülsaum des Strandes Bernstein zu finden, erhöht den Reiz. Wo die See altes, verkohltes Holz, Miesmuschelschalen und groben Tang bei auflandigem Wind und starkem Wellengang an Land geworfen hat, da sollte man aufmerksam schauen. Denn hier kann einen schon mal das »Gold des Nordens« anlächeln. Mögen die am Strand zu findenden Bernsteinbröckchen zumeist nur klein sein, sie dokumentieren Finderglück und sind eine Erinnerung an vollen Strandgenuss.

Durch den naturbelassenen »Darßer Urwald« führt ein ausgeschildertes Netz an Wanderwegen.

24

Wanderung zum Natureum Darßer Ort
Startpunkt: Parkplatz am Bernsteinweg
18375 Prerow

Natureum
Darßer Ort 1–3
18375 Born am Darß
038233 304
www.natureum-darss.de

BADE- UND NATURSPASS

Wanderung zum Leuchtturm Darßer Ort

Diese Wanderung machen wir mindestens einmal im Jahr. Am liebsten an warmen Septembertagen, wenn das Wetter noch nicht mitbekommen hat, dass meteorologisch der Sommer vorbei ist. Das Auto bleibt in Prerow auf dem Parkplatz am Bernsteinweg stehen. Wasser und Fernglas in den Rucksack gepackt, und los geht's.

Schnell ist der Nordstrand erreicht. Schuhe und Strümpfe aus, den feinen weißen Sand als Fußsohlenmasseur genießen. Wir haben uns am Strand links gehalten, gehen westwärts. Die Sonne wärmt den Rücken. Hundebadestrand, die Ostseeseite des Camps *Regenbogen*, Kite- und Surfstation, Gastronomie und Menschen, die sich hier ihr eigenes kleines Stück Welt suchen. Danach wird es leerer, naturbelassen auch die Menschen; Baden ohne Badesachen als Teil der Freiheit. Auf den Buhnen sitzen Kormorane. Dahinter Weite, die einen träumen lässt. Landseitig rücken die Dünen näher ans Meer. Die Kernzone des *Nationalparks Vorpommersche Boddenlandschaft* ist erreicht. An dem Verbindungskanal zum kleinen Hafenbecken links, dann geht es nordwestwärts auf ausgewiesenen Wegen zum *Natureum* am Leuchtturm Darßer Ort durch sich selbst überlassene urwüchsige Natur.

Zwei Wege werden angeboten: kürzer oder weiter? Beide haben ihren Reiz. Auf dem weiteren habe ich Hirsche in der Brunft kämpfen sehen – wo erlebt man das schon? Durch die bewaldeten Dünen des Weststrandes kommt der rote Backstein des Leuchtturms in Sicht. Davor eine gewaltige Fahrradansammlung. Das *Natureum* bietet Gastronomie, ein Aquarium und den Aufstieg auf den Leuchtturm mit überwältigendem Ausblick. Wem die circa fünf Kilometer Hinweg gereicht haben, kann zum Parkplatz zurück die Pferdekutsche nehmen. Oder man geht den Leuchtturmweg, biegt zum Zeltplatz ab und fährt ab Station *Nordhafen* mit der Darßbahn.

Geht auch als Tagesausflug: ab Parkplatz *Drei Eichen* (östlich von Ahrenshoop) mit dem Linienbus nach Prerow fahren und dann vom *Natureum* am Weststrand bis Höhe Parkplatz zurückwandern (insgesamt 18 Kilometer).

25

Regenbogen Prerow
Bernsteinweg 4–8
18375 Prerow
038233 331 und 038233 276
www.regenbogen.ag

Darß-Museum Prerow
Waldstraße 48
18375 Prerow
038233 69750
www.foerderverein-darss-museum.de

ZELTEN IN DEN DÜNEN

Ferienanlage Regenbogen

Wer es mag, der kann seine ganze Urlaubszeit in einer Dünenlandschaft und am Prerower Nordstrand verbringen. Voraussetzung ist, dass er rechtzeitig einen Stellplatz für Zelt, Wohnwagen oder Reisemobil in der Ferienanlage *Regenbogen Prerow* gebucht hat. Die Ferienanlage erstreckt sich über 2,5 Kilometer zwischen dem breiten Nordstrand und dem unter Naturschutz stehenden Darßer Wald. Sie ist etwas ganz Besonderes, denn hier kann man im Dünengürtel campieren, kann seine Urlaubsbehausung in den weißen Ostseesand stellen, so dicht am Strand, dass einen nachts das Meeresrauschen durch die Träume begleitet. Das ist erlaubt, da dem Nordstrand durch die Strömungsbedingungen in diesem Küstenabschnitt Sand zugeführt wird und die Dünen ihren Part beim Küstenschutz verloren haben.

In diesem herrlichen Areal findet man alles, was ein Urlauber an der Ostsee zum Überleben braucht: Selbstbedienungsmarkt, Bäckerei, Brötchenservice und auch einen Campingshop sowie eine Modeboutique, die befindet sich allerdings außerhalb des FKK-Bereiches. Die Ausstattung der Ferienanlage mit Sanitärgebäuden, Familienbädern, Waschmaschinen und Trocknern erfreut die Gäste, die beim Leben in der Natur nicht ganz auf ihre urbanen Gewohnheiten verzichten möchten. Und man kann ganz einfach in und mit der Natur leben.

Sie können hier segeln oder surfen lernen, Beachvolleyball spielen, minigolfen, sich Fahrräder ausleihen, um das gewählte Paradies räumlich zu erweitern, sich animieren lassen oder in der Strandsauna alles das Abschwitzen, was sich in den Restaurants, dem Open-Air-Café oder dem praktischen Imbiss an Hüftgold angesammelt hat. Das Leben im *Regenbogen* bietet für jeden viel – für den Naturfreund und für den Party-Typ.

Im Darß-Museum Prerow vermitteln die freundlichen Mitarbeiter Darßer Traditionen. Jeden Freitag auch auf Platt.

26

Tauchgondel Zingst
An der Seebrücke
18374 Zingst
038232 389077
www.tauchgondel.de

TROCKENEN FUSSES UNTER WASSER

Tauchgondel an der Seebrücke

Als die gesellschaftlichen Verhältnisse es ermöglichten, bekamen viele Orte Seebrücken, die es erlauben, ein Stück auf die Ostsee hinauszugehen. Das gilt auch für das kulturell rege Ostseeheilbad Zingst. Doch Zingst wäre nicht Zingst, wenn es nicht noch etwas Besonderes gäbe. Neben dem seeseitigen Ende der Brücke glänzt silbern eine Kuppel über einem blaugrünen Unterbau mit vielen Sichtscheiben. Ein wenig ist man an nahöstliche Kultbauten erinnert. Als man nach einem Moment wieder hinschaut, senkt sich das Objekt, erreicht die Wasseroberfläche und sinkt weiter hinein ins Meer.

Neben Zinnowitz und Sellin ist auch an der Seebrücke Zingst eine Tauchgondel montiert. 30 bis 40 Minuten dauert eine Fahrt. Minimal sechs und maximal 30 Personen können trockenen Fußes die interessante Unterwasserwelt der Ostsee erleben. Schließlich bietet dieses weltgrößte Brackwassermeer eine einzigartige Artenvielfalt. Beim Abtauchen und auf Tauchstation, circa vier Meter unter der Oberfläche, gibt die Gondelbesatzung eine Einführung in den Lebensraum Ostsee und seine Eigenheiten. Fantastische Bilder in 3-D wirken hier unter Wasser sehr authentisch. Es ist, als wäre man mittendrin – man jagt mit den Kegelrobben, schwimmt mit Dorsch, Hering, Plattfisch und Co, sucht Schutz in Seegraswiesen, streift durch irre Algenwälder.

Dann steigt die Gondel kaum merklich wieder auf. Seltsam die Grenze zwischen Wasser und Luft. Die Lichtreflexe spielen Fangen, und man meint, das Wasser würde fallen. Etwas über eine halbe Stunde war man Teil des vielfältigen Lebens in der Ostsee. Großartig! Und später, am kilometerlangen Sandstrand, wird der Blick auf die See hinaus durch das gerade erworbene Wissen noch schöner sein.

In Zingst ist die Fotografie zu Hause. Vielerorts sind großformatige Fotos zu sehen. Festivals, Kurse und Workshops rund um die Fotografie werden angeboten.

27

Nationalpark-Informationszentrum Barhöft
18445 Klausdorf-Barhöft
038233 719271
www.bodden-nationalpark.de

NABU-Kranichzentrum
Lindenstraße 27
18445 Groß Mohrdorf
038323 80540
www.kraniche.de/de/ausstellung.html

DER RUF DER SEEADLER

Nationalpark-Informationszentrum Barhöft

Wollen Sie Ihren Kindern vorführen, wie Seeadler rufen, welche Laute Kormorane von sich geben? Oder suchen Sie einen originellen Raum für Ihre Eheschließung? Auf dem Barhöfter Kliff ist beides möglich. Dort, im nördlichsten Festlandsbereich des *Nationalparks Vorpommersche Boddenlandschaft*, erwartet das Nationalpark-Informationszentrum Barhöft im *Haus am Kliff* kleine und große Naturfreunde. Das Ausstellungsgebäude wurde direkt neben einem Beobachtungsturm errichtet. Der Backsteinbau hat eine Aussichtsplattform 38 Meter über dem Wasser. Ein Turmzimmer fungiert als Außenstelle des Standesamtes Altenpleen.

Um das *Haus am Kliff* zu erreichen, muss man gut 20 Meter aufsteigen. Man geht vom Parkplatz am Ortseingang Barhöft entweder den Fahrweg entlang – es ist ein schöner Waldweg, Fichten auf der einen, Eichen auf der anderen Seite –, oder man läuft am Hafen vorbei, folgt dem Uferweg und nimmt über eine Treppe den Hauptanstieg. Beide Strecken sind etwa 800 Meter lang. Es ist eine kleine Mühe. Dafür bekommt man auf dem Kliff viel geboten. Die Ausstellung zeigt mit Anleihen beim Comic-Stil die Entwicklung der Landschaft, ihre Besonderheiten. Einfach und nachdrücklich werden Besuchern aller Altersklassen Schönheit und Nutzen der Natur nahegebracht. Auf ihre Verletzlichkeit wird hingewiesen, und es wird erklärt, wie wir zum Erhalt dieses Schatzes beitragen können.

Dann, nach 102 Stufen, hat man von der Aussichtsplattform einen überwältigenden Blick auf einen besonderen Naturraum. Man überschaut die buchtenreiche Boddenlandschaft. Man glaubt zu erkennen, wie die Küste, wie das Windwatt sich im ständigen Kampf zwischen Wasser und Land verändern. Man sieht genau das, was vorher so gut erklärt wurde. Theorie und Praxis im Einklang, das überzeugt.

Das NABU-Kranichzentrum im nahen Groß Mohrdorf bietet viel Wissenswertes über die »Vögel des Glücks«.

28

Rundweg Altstadt Stralsund
Startpunkt:
Fährwall/Fährstraße
18439 Stralsund

Tourismuszentrale Stralsund
Alter Markt 9
18439 Stralsund
03831 252340
www.stralsundtourismus.de

Tour durchs Welterbe

Rundweg durch die Altstadt

Als wir in Stralsund lebten und von Welterbe noch keine Rede war, liebten wir es, durch die Altstadt zu wandeln, die heruntergekommenen Schönheiten der Hansestadt gedanklich zu rekonstruieren. Heute, da Stralsunds Altstadt weitgehend und denkmalsgerecht saniert ist, muss man den Charme des Althergebrachten nicht mehr suchen. Es ist eine Freude, durch das Kerngebiet des UNESCO-Welterbes »Historische Altstädte Stralsund und Wismar« zu gehen.

Mein eindrucksvoller Lieblingsweg führt vom Passagierhafen durch die Fährstraße, Schillstraße, Knieperstraße über den Alten Markt und die Badenstraße zurück zum Hafen. Er beginnt an einer der ältesten Gastwirtschaften Europas, *Zur Fähre*. In der Fährstraße stehen 21 Häuser unter Denkmalschutz. Vor dem Haus Fährstraße 21 traf am 31. Mai 1809 eine tödliche Kugel den legendären Freikorpsführer Ferdinand von Schill. Nach dem auffälligen und gastlichen Scheele-Haus (C. W. Scheele – Entdecker des Sauerstoffs) biege ich in die Schillstraße ein. Rechts das Johanniskloster gehört zu den ältesten Bauwerken Norddeutschlands. Das Klostergelände ist ein Kleinod. In der Kirchruine beeindruckt eine Nachbildung der Pieta von Ernst Barlach. Wenn das hier ansässige Stadtarchiv seine Tore öffnet, sollte man unbedingt hineingehen. An der Kreuzung Knieperstraße sieht man rechts das Kniepertor, eines der zwei noch vorhandenen Stadttore der landseitigen Stadtmauer. Ich gehe aber links, direkt auf die gotische Schaufassade des Rathauses aus dem 13. Jahrhundert zu.

Der Alte Markt, das Rathaus und die zweitürmige Kirche St. Nikolai bilden ein unendlich schönes Ensemble. Die Rathauspassage und in der Badenstraße die *Bärenapotheke*, das Schwedenpalais und die Volutengiebel des Doppelgiebelhauses sind weitere Highlights auf dem kurzen Weg durch großes Erbe.

Von der Badenstraße führt die Jacobiturmstraße zur Kulturkirche St. Jakobi. Dort wird in den nächsten Jahren die *Mehmel-Orgel* restauriert, die eine weitere Klangfarbe in die »Orgelstadt Stralsund« bringt.

29

Ozeaneum Stralsund
Hafenstraße 11
18439 Stralsund
03831 2650610
www.ozeaneum.de

MEERESWELTEN DES NORDENS

Ozeaneum

Immer wenn wir das *Ozeaneum* besuchen, verweilen wir zuletzt lange unter den originalgroßen Nachbildungen der Meeresriesen, lauschen ihren Gesängen, lassen Faszination, Vielseitigkeit und Schönheit der Meereswelten nachwirken, machen uns das Privileg und die Verantwortung bewusst, auf und mit unserem Wasserplaneten zu leben.

Wie bringt man die nördlichen Meere ins Museum? Indem man das Wissen über sie, über die vielfältigen Zusammenhänge, über die Gesetzmäßigkeiten des Zusammenlebens der Meeresbewohner zeigt. Das *Ozeaneum* in Stralsund hat diese Aufgabe ideenreich umgesetzt. In dem modernen und architektonisch genialen Bauwerk meint man auf einer eindrucksvollen Unterwasserreise durch Ost- und Nordsee sowie durch den nördlichen Atlantik zu sein. Man folgt einfach der orangefarbenen Linie. Sie führt einen durch fünf Ausstellungen und vorbei an 50 Aquarien, wobei jedem Objekt der ihm gebührende Raum gegeben wird.

Für den Rundgang durch die Ausstellungen wird eine Dauer von etwa zwei Stunden vorgegeben. Wir brauchen länger. Es gibt so viele wissenswerte Informationen und interessante Objekte. Theorie und Praxis ergänzen sich. Nur Acrylglasfronten trennen uns in den Aquarien-Rundgängen von dem Lebensraum Wasser in seiner Vielfalt und Schönheit. Auch die Bedrohung durch zivilisatorisches Fehlverhalten wird gezeigt. Gerne bleiben wir länger auf einer Bank sitzen, schauen durch ein 52 Quadratmeter großes Fenster in den Nordatlantik, verlieren uns in dem blassen Blau des Wassers, in einer großartigen Welt der Fische, jenseits unserer alltäglichen Erfahrungen. Beim finalen Meditieren unter den Riesen der Meere ist uns bewusst, dass wir in einem der besten Naturkundemuseen Europas sind.

Bei der Weißen Flotte kann man ein gemeinsames Ticket für eine Hafenrundfahrt und den Besuch des Ozeaneums erwerben.

30

Stralsunder Schokoladenhaus
Schokoladerie de Prie
Alter Markt 9a
(Rathauspassage)
18439 Stralsund
03831 6676991
www.schokoladerie.com

Kirche St. Marien
Marienstraße 16
18439 Stralsund
03831 298965
www.st-mariengemeinde-stralsund.de

MADE IN MECKLENBURG-VORPOMMERN

Stralsunder Schokoladenhaus

Wen nicht schon beim Eintritt in das Stralsunder Schokoladenhaus der Appetit auf Schokolade, Marzipan und Nugat befällt, der muss eine Süßwarenphobie haben. Die *Schokoladerie de Prie* aus Rostock bietet im Stralsunder Schokoladenhaus, ihrer hiesigen Dependance, ausgewählte, verführerische Süßwaren an. Handgemacht, beste Zutaten, exklusiv und köstlich.

Auch der Standort des Schokoladenhauses ist exquisit. Rathauspassage, besser geht's nicht. Wer hier nicht entlanggegangen ist, der war nicht in Stralsund. Aus dem Durchgang mit Weltkulturerbe-Charakter tritt man durch die Tür des Schokoladenhauses, und fast paradiesisch offenbaren sich Weihnachten, Ostern und alle sonstigen Festlichkeiten unter altem Gewölbe zugleich. Bunt, glitzernd und unendlich fantasiereich überfällt einen die grenzenlose Fülle an Süßwaren. Es erstaunt nicht, dass dem Stralsunder Schokoladenhaus 2011 als Deutschlands bestes Süßwarengeschäft der *Süße Stern* in Gold verliehen wurde.

Man stöbert mit verstärkter Speichelbildung. Doch was nehmen? Ich wende mich an die Verkäuferin. Die Fachfrau erläutert, wie aus der Abmischung von Kuvertüren, pur oder mit Nüssen, Kernen, Früchten und mit ätherischen Ölen, Schokoladentafeln entstehen. Die Geschmacksnuancen der Pralinentafeln mit doppelter Füllung benennt sie so anregend, dass sich der Genuss körperlich einstellt. Bei den 70 Sorten Trüffeln und Pralinen, klassisch bis exotisch, geht es mir nicht anders. Ich schwelge virtuell. Die Fachfrau führt mich noch zu den Hohlkörpern aus Schokolade. Ich komme aus dem Staunen nicht heraus. So viele Figuren, wirklich originell. Ich hatte schon genug im Korb, bei den Fischen wurde ich jedoch noch mal schwach. Heringe, Geschmacksrichtung zartbitter – wenn das nichts ist!

Mein Kalorienverbrenntipp: Steigen Sie auf den Kirchturm von St. Marien am Neuen Markt. Sie werden eine fantastische Sicht auf Stralsund gewinnen.

31

Caspar-David-Friedrich-Rundgang
Startpunkt: Caspar-David-Friedrich-Zentrum
Lange Straße 57
17489 Greifswald
03834 884568
www.caspar-david-friedrich-gesellschaft.de

Evangelischer Dom St. Nikolai
Domstraße 54
17489 Greifswald
03834 2627
www.dom-greifswald.de

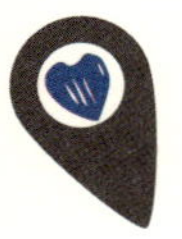

IN GROSSE FUSSSTAPFEN TRETEN

Rundgang auf den Spuren Caspar David Friedrichs

In Greifswald zu sein und sich mit Leben und Werk des Malers Caspar David Friedrich zu beschäftigen ist eine gute Entscheidung. Denn hier wurde er am 5. September 1774 als sechstes Kind eines Seifensieders und Lichtgießers geboren. In der Hansestadt Greifswald verbrachte Caspar David Friedrich seine Jugend. Hier begann er zu zeichnen und zu malen. Hier fand er die Motive, die ihn Zeit seines Lebens begleitet haben.

Heute ist noch vieles zu sehen, was den Künstler zu seinen Meisterwerken mit Weltgeltung anregte. In Greifswald bietet sich ein Rundgang auf seinen Spuren an. Man startet am besten in der Langen Straße 57. Hier stand das Geburtshaus des Malers, bevor es 1902 einem Neubau gewichen ist. In diesem ehemaligen Geschäftshaus befindet sich heute das Caspar-David-Friedrich-Zentrum mit interessanten Ausstellungen zum Leben der Familie Friedrich. Hier erwarben wir die kleine und sehr informative Broschüre *Caspar David Friedrich – Ein Rundgang auf seinen Spuren in Greifswald* und ließen uns von ihr zu zehn Stationen in der Altstadt führen. Die letzte Station ist das Pommersche Landesmuseum, wo einige seiner Meisterwerke zu sehen sind. Das war mühelos zu Fuß machbar. Nur Zeit haben wir mehr gebraucht als gedacht. Denn wir wollten nachempfinden, wo und wie der junge Caspar David Friedrich gelebt hat, was er gesehen, was er einfühlsam und auf das Wesentliche reduzierend skizziert hat. Der Rundgang vertieft den Blick auf das geniale Werk Friedrichs. Seine romantischen Gemälde schweben über der Realität und weisen deren versteckte Schönheit auf. Nach dem Rundgang spazierten wir noch einmal in die Lapp-Straße zum Caspar-David-Friedrich-Denkmal nahe des Doms St. Nikolai. Wir hatten das Gefühl, ihm nun nähergekommen zu sein.

Von der Aussichtsplattform des Domturms von St. Nikolai (über 250 Stufen) hat man aus 60 Metern Höhe einen fantastischen Ausblick auf Greifswald.

32

Der berühmte
Croÿ-Teppich
Pommersches Landesmuseum
Rakower Straße 9
17489 Greifswald
03834 83120
www.pommersches-landesmuseum.de

EIN GANG DURCH POMMERNS GESCHICHTE

Pommersches Landesmuseum

Die Geschichte von »po more«, dem Land »am Meer«, heute »Pommern« oder »Pomorze« genannt, bewahrt das Pommersche Landesmuseum in Greifswald. Neben dem hanseatischen Marktplatz gelegen, ist bereits das Gebäude sehenswert. Mit genialer Leichtigkeit unterstützt der Mix aus mittelalterlicher und klassizistischer Architektur mit modernen Elementen die gesamtheitliche Wirkung der Ausstellungen.

Vom Keller bis unters Dach wird man durch die Geschichte Pommerns geführt. Vorbei an Fossilien, Bernsteinfunden und einem tonnenschweren eiszeitlichen Geschiebe wandert man durch die Ur- und Frühgeschichte, erlebt das Mittelalter, erfährt Wissenswertes über die Herrschaft der Schweden, der Preußen, über die Kaiserzeit und erreicht am Ende das 20. Jahrhundert mit seinen verheerenden Kriegen, mit der Zerrissenheit durch Ideologien und Grenzen. Zum Abschluss lädt eine Bank ein, die neuen Eindrücke wirken zu lassen. Vor einem wallt das Meer. Wellen spülen die Gischt bis vor die Füße. Möwen segeln durch blauen Himmel. Wunderschöne Landschaften erscheinen. Versöhnlich und verbindend steht über der Video-Installation die Überschrift: »Pommern – Pomorze – Land am Meer«. Die stimmungsvolle Präsentation ebenso wohltuend wie der gesamte Museumsbesuch.

Die weitgehend kindergerecht Ausstellung lässt 14.000 Jahre pommersche Geschichte durch optische Details und technischer Finesse aufleben. Scheinbar Alltägliches und herausragende Kunstwerke ergeben ein ganzheitliches Bild. Eine 1945 vergrabene Milchkanne mit Wäsche erzählt die Geschichte von Angst, Vertreibung und der Hoffnung auf Wiederkehr. Der berühmte Croÿ-Teppich aus dem 17. Jahrhundert, der mit 30 Quadratmetern und höchster Qualität zu den nationalen Kulturgütern gehört, gewährt hingegen einen Blick auf die Zeit der Greifen-Dynastie. Das Museum nähert sich Pommern auf verschiedenen Ebenen und ermöglicht Besuchern ein informatives Erlebnis.

Nach einer Pause in der Museumsgastronomie lockt die wertvolle Gemäldesammlung mit Werken von Frans Hals, Caspar David Friedrich, Vincent van Gogh und vielen weiteren namhaften Künstlern.

33

Räucherei Thurow
Dorfstraße 49
17440 Kröslin-Freest
038370 20208
www.thurow-freest.de

Wo Delikatessen reifen

Fischräucherei Thurow

Glauben Sie mir, Räucherfisch im Altonaer Ofen über offenem Buchenholzfeuer getrocknet und im geschlossenen Ofen über Holzspänen geräuchert ist eine Delikatesse. In der *Fischräucherei Thurow* können, nein, sollten Sie es testen. Hier wird in der vierten Generation Fisch verarbeitet. 1891 eröffnete Robert Thurow in Freest, wo das Unternehmen zu Hause ist, eine Braterei, Räucherei und Marinieranstalt. Später spezialisierte sich die Firma auf das Räuchern, nachdem 1926 die Produktion modernisiert wurde. Was damals das Modernste im Ostseeraum war, ist heute ein technisches Denkmal und immer noch etwas Besonderes. Eine ältere noch produzierende Fischräucherei gibt es nicht an unserer Ostseeküste. Das Logo der Räucherei, ein roter Rhombus mit den Buchstaben RTF (Robert Thurow – Freest) galt, als der Räucheraal noch von hier deutschlandweit versendet wurde, als ein Qualitätsversprechen, und so ist es noch heute.

Gegenwärtig verarbeitet man bei RTF bis zu 15 Fischsorten zu über 20 Räucherfischprodukten. Noch immer wird nach der alten Methode gearbeitet, wird dem Fisch die Zeit gelassen, den breiten Wohlgeschmack von Geräuchertem zu gewinnen.

Im Fischerdorf Freest, das im Zentrum noch seinen ursprünglichen Charakter bewahrt hat, fallen die Gebäude der Räucherei auf. Der rote Backstein ist von wildem Wein umrankt. Die Rauchabzüge der Altonaer Öfen bilden ein Dreieck, auf dem die Esse thront. Eine schmale Tür führt in den Verkaufsraum. Es riecht betörend gut. Der Glastresen präsentiert die Produkte in goldigem Gelb, sattem Lachsrot und dunklem Aalschwarz. Äußerst appetitlich. Dahinter sieht man die Öfen. Ob im Dienst oder in der Ruhe, sie sind eine eindrucksvolle Wand aus Tradition. Wer hier nichts für den Einkauf, für den Imbiss findet, der mag keinen Räucherfisch.

Der Fischereihafen Freest hat viel Ursprüngliches bewahrt. Er ist Heimat der größten Fischereigenossenschaft in Vorpommern.

34

Peenebrücke Wolgast
Im Zuge der B111
OL Wolgast zur
Insel Usedom
17438 Wolgast

Rungehaus
Kronwiekstraße 45
17438 Wolgast
03836 202000
www.wolgast.m-vp.de/
rungehaus

DAS »BLAUE WUNDER« VON VORPOMMERN

Peenebrücke Wolgast

Brücken verbinden. Die Brücke über den Peenestrom in Wolgast ist eine von zweien, die das Festland mit Usedom verbinden. Doch in der Saison ist fünfmal täglich die Straßenverbindung unterbrochen. Dann klappt, wie von Geisterhand getrieben, für 15 Minuten der stählerne Mittelteil der Brücke nach oben, um die Durchfahrt für größere Schiffe und hochgetakelte Sportboote auf der Peene freizugeben. Das Hochklappen der gewaltig anmutenden Stahlkonstruktion ist eine Attraktion. Es mutet den Laien wie ein Wunder an, dass ein über 40 Meter langes und 2.300 Tonnen schweres Bauteil von einem Drehpunkt aus himmelwärts kippt. Deswegen und wegen des blauen Farbanstrichs der Konstruktion entstand der Kosename »Blaues Wunder« für die Peenebrücke.

Die Peenebrücke wurde zwischen 1995 und 1996 neben der alten Brücke gebaut, die dem Verkehrsaufkommen nicht mehr entsprach. Sie ist 265 Meter lang. Als kombinierte Straßen- und Eisenbahn-Klappbrücke stellt sie eine Besonderheit dar. Wegen der komplizierten Untergrundverhältnisse ruhen die Brückenpfeiler auf bis zu 20 Meter tief reichenden Bohrpfählen aus Beton. Die Baukosten lagen bei rund 100 Millionen D-Mark. Mit der Inbetriebnahme des »Blauen Wunders« hat sich der immer noch dichte Straßenverkehr nach Usedom entspannt. Und für Eisenbahnreisende ist die Zeit vorbei, als man auf dem Bahnhof *Wolgast Hafen* mitsamt Gepäck ausstieg und zu Fuß über die Brücke ging, um im bereitstehenden Inselzug die Fahrt fortzusetzen.

Von der Peenestraße auf der Schlossinsel hat man einen tollen Blick auf das blaue Wunderwerk der Technik. Die Brückenöffnung ist näher gerückt, der Straßenverkehr ruht schon, die Klappe der imposanten Konstruktion bewegt sich mit austariertem Gleichgewicht aufwärts. Man möchte fast applaudieren.

Dicht am Stadthafen von Wolgast zeigt das Rungehaus, Geburtshaus von Philipp Otto Runge, dessen Lebenswerk.

35

Restaurant Der Speicher
Hafenstraße 22
17438 Wolgast
03836 2338550
www.speicher-wolgast.de

Wolgaster Labskaus

Restaurant *Der Speicher* auf der Schlossinsel

Wolgast hat schon lange kein Schloss mehr. Aber eine Schlossinsel hat es noch. Sie liegt zu Füßen der Altstadt im Peenestrom. Auch ohne das dreigeschossige Renaissanceschloss der Pommernherzöge, das nach den Verwüstungen im Nordischen Krieg im Jahr 1713 zur Ruine verfiel und als Steinbruch diente, lohnt sich der Besuch der Insel. Denn in einem Speicher aus dem 18. Jahrhundert, der zwischen 2008 und 2009 komplett saniert wurde, lädt die Gaststätte *Der Speicher* zum Besuch ein. Wer maritimes Flair schätzt und gerne gut isst, dem wird es in diesem Lokal gefallen. Schon vor dem Eingang kündigt altes Ankergeschirr an, dass hier gut anzulegen ist. Drinnen haben die Augen viel zu tun. Ein großes Aquarium und viele Schiffsteile beleben die Inneneinrichtung. Eine Galionsfigur ziert das rustikale Gebälk so, als zöge sie einen Großsegler über das Meer. Dabei hat sie das Tresen-Boot fest im Visier. Wimpel und Flaggen erzählen Seemannsgarn. Selbst das Örtchen für »Gentlemen« zieren Ansichten und Schiffsrisse. Das Steuerrad vor dem großen Fenster im Gastraum lässt einen in der Fantasie als Skipper dahinter stehen und den Kurs hart in den Wind legen. Dabei geht der Blick auf den Museumshafen und auf die Wolgaster Altstadt rund um den Turm der Kirche St. Petri, richtet sich anschließend endlich auch auf die Speisekarte. Das Angebot ist ausgewogen. Fisch und Fleisch in vielen Variationen. Sogar Labskaus findet man. Das Gericht ist alte Seefahrerkost. Man hackte und pürierte das ewige Pökelfleisch mit eingelegtem Fisch und Roter Bete, um den skorbutkranken Fahrensleuten das Kauen zu erleichtern. Spiegelei darüber. Fertig. Im *Speicher* wird der Wolgaster Labskaus frisch serviert. Die Zutaten entsprechen dem Original, doch die Vermischung wird dem Essenden überlassen. Lecker, echt lecker!

Besuchen Sie unbedingt die Altstadt von Wolgast mit 117 Baudenkmalen wie die sehenswerte Kirche St. Petri und das Stadtgeschichtliche Museum in der alten Kaffeemühle.

36

Otto-Lilienthal-Museum
Ellbogenstraße 1
17389 Anklam
03971 245500
www.lilienthal-museum.de

Anklam-Information
Markt 3
17389 Anklam
03971 835154
www.vorpommern.de

VOM VOGELFLUG ZUR FLIEGEKUNST

Otto-Lilienthal-Museum

Wenn man vom Eingangsbereich des Otto-Lilienthal-Museums die Treppe zur Ausstellungshalle mit den Nachbauten Lilienthal'scher Flugmodelle hinuntergeht, erlebt man den Ursprung einer Entwicklung, die unsere heutige Mobilität im Fluge ermöglichte. Über einem schweben die Flugapparate, die der ingeniöse Tüftler Otto Lilienthal ersann, um zu beweisen, dass auch fliegen kann, was schwerer als Luft ist. Im hellen Oberlicht der Halle scheinen sie zu schweben. Leicht, elegant und eindrucksvoll bezeugen sie die unendliche Erfindungsgabe ihres Schöpfers, mit der er Luftströmungen einen Auftrieb abgewann.

Otto Lilienthal wurde 1848 in der Hansestadt Anklam geboren. Hier im Gymnasium soll in ihm der Traum vom Fliegen geweckt worden sein. Lilienthal verwirklichte seinen Traum konsequent. Er machte eine technische Ausbildung, schuf mit einer Maschinenfabrik die materiellen Voraussetzungen, um die Flugkunst zu entwickeln. Bei den ersten Versuchen erkannte er, dass ohne theoretische Kenntnisse der Aerodynamik kein Flugapparat zu bauen sei. Jahre des Studiums folgten. Störche waren seine Lehrmeister. Er fand heraus, dass gewölbte Tragflächen einen erhöhten Auftrieb ergeben. Dann flog er wirklich, weiter und weiter. Jeder Versuch wurde genau dokumentiert und analysiert, um daraus Verbesserungen abzuleiten. So wurde er zum Pionier der Luftfahrt. Seinem »Normalsegelapparat« bescheinigte 2016 ein Windkanaltest eine aerodynamisch absolut saubere Konstruktion.

In Anklam wird man mehrfach auf Lilienthal hingewiesen, so in der Nikolaikirche oder im *Aeronauticon*. Im Otto-Lilienthal-Museum, das von gesamtstaatlicher Bedeutung ist, meint man Lilienthal zu treffen. So eindrucksvoll, nachvollziehbar und lebensnah ist der Gedanken- und Entwicklungsweg des genialen Konstrukteurs unter Nutzung bester musealer Mittel erlebbar.

Unternehmen Sie einen Spaziergang durch Anklam, dessen Altstadt in Teilen noch erhalten ist. In der Stadt an der Peene stehen mehrere sehenswerte Kirchen.

87

Haffmuseum im Schloss Ueckermünde
Am Rathaus 3
17373 Ueckermünde
039771 28442
www.ueckermuende.de

Tierpark Ueckermünde
Chausseestraße 76
17373 Ueckermünde
039771 54940
www.tierpark-ueckermuende.de

WER IST GIULIO PEROTTI?

Haffmuseum im Schloss

2019 beteiligten sich 84 Nachwuchssänger und -sängerinnen aus elf Ländern am *6. Giulio Perotti Gesangswettbewerb* im Seebad Ueckermünde. Es gewann die Sopranistin Ann-Kathrin Niemczyk aus Detmold. Wer ist Giulio Perotti, und warum lobt Ueckermünde diesen Wettbewerb aus, fragt sich der nur allgemein Kulturinteressierte?

Im Turm des Schlosses der pommerschen Herzöge findet man eine Antwort. Vom Schloss aus, das auf einer kleinen Anhöhe nahe dem Stadthafen liegt, wird Ueckermünde verwaltet. Der Turm, erbaut 1546, beherbergt das Haffmuseum. Hochinteressante Objekte erzählen pommersche Geschichte und von der Arbeits- und Wohnwelt rund ums Haff. Die Ausstellung ist originell rund um die steinerne Wendeltreppe angelegt. Der Blick bleibt am Portrait eines Mannes hängen, der wie ein Künstler aussieht: Giulio Perotti, Wien 1869. Daneben steht die Antwort auf obige Frage. Giulio Perotti wurde 1841 als Julius Prott in Ueckermünde geboren. Sein Onkel, bei dem er in Stettin eine Handelslehre aufnahm, erkannte das Talent des Neffen und förderte ihn. Prott erhielt eine Sängerausbildung in Berlin, Florenz, Mailand und Paris. So reifte er zu einem Weltstar seiner Zeit, begeisterte als Heldentenor auf den großen Bühnen Europas und Amerikas, werbewirksam seine deutsche Herkunft verdeckend unter dem wohlklingenden Künstlernamen Giulio Perotti. Zuletzt, bis kurz vor seinem Tod im Jahre 1901, war der Ueckermünder Mitglied der königlichen Oper Budapest. Und als wäre das noch nicht Lebensleistung genug, betrieb er seit 1879 in Triest ein Gärtnerunternehmen und züchtete dort international anerkannte Rosenkulturen. Nein wirklich, man sollte diese Pommern nicht unterschätzen. Ueckermünde mit seiner sehenswerten Altstadt unterstreicht die Behauptung. Dort werden Sie auch vor dem Kino auf Giulio Perotti treffen. Als Denkmal.

Tipp für einen Ausflug mit Kindern: Tierpark Ueckermünde mit vielfältigen Tierarten, begehbaren Gehegen, Frei- und Spielflächen, Tierparkgaststätte und Affenschenke.

38

Fischereihafen
Am Hafen
17375 Altwarp

Familien-Fischerei Zach
Sandweg 118
17375 Altwarp
039773 20524

DEM NACHBARLAND GEGENÜBER

Fischereihafen

Der Uferstreifen zwischen dem Fischereihafen von Altwarp und dem Altwarper See ist ein besonderer Ort. Hier liegt der nordöstlichste Festlandspunkt Deutschlands. Der Blick geht über den See, einen Teil des Stettiner Haffs. Der Kirchturm auf der anderen Seite in 1,5 Kilometern Entfernung steht in der Ortschaft Nowe Warpno, die heute zum Nachbarland Polen gehört, mit dem uns so vieles verbindet: Geschichte und Geschichten, Heimat und Vertreibung.

Die Gemeinde Altwarp und Neuwarp, wie Nowe Warpno bis 1945 hieß, schauen auf eine bewegte Vergangenheit zurück. Beides sind alte Ansiedlungen von Fischern und Seefahrern. Der Namensteil »warp« kennzeichnet einen guten Ankerplatz. Städtisch anmutende Kapitänshäuser aus der Gründerzeit in Altwarp stehen für einstigen Wohlstand. Doch viele Bauweisen erzählen von anderen Zuständen. Das Gebiet um Altwarp, das sich als breite Zunge in das Haff zieht, wurde 1938 Truppenübungsplatz. Die Bewohner wurden nach Neuwarp zwangsumgesiedelt. Kaum sesshaft geworden, ging es wieder zurück, von Neu nach Alt. War es Vertreibung, war es Heimkehr? Jedenfalls zog sich 1945 eine Grenze quer durch den Altwarper See, die für Fische nicht galt, wohl aber für die Fischer. Beide Orte dümpelten durch die Zeit. Altwarp erlebte nach der politischen Wende einen touristischen Boom. Günstige Butterfahrer bescherten dem Dorf von 1996 bis 2004 viele Gäste. Danach profitierte Nowe Warpno von der europäischen Förderung.

Genug der Gedanken. Gleich ist Fährzeit. Mit dem Fischtrawler *Lütt Matten* will ich eine Grenze überqueren, die man nicht sieht und kaum noch fühlt. Ich bin gespannt auf das heutige Nowe Warpno. Und zurück in Altwarp werde ich bei der Familienfischerei *Zach* einkehren und Haff-Zander essen, Tagesfang, frischer geht Fisch nicht.

Südwestlich von Altwarp bieten Binnendünen, genannt »Altwarper Wüste«, und das Wacholdertal interessante Wandermöglichkeiten.

Rügen und Hiddensee

Frank Meierewert

39

Rosenstadt Putbus Circus
18581 Putbus

Historisches Uhren- und Musikgerätemuseum
Alleestraße 13
18581 Putbus
038301 60988
www.ruegenmagic.de/ruegen-uhrenmuseum

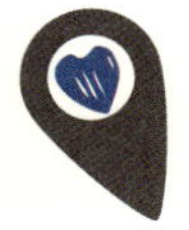

GANZ IN WEISS MIT BUNTEN BLÜTEN

Erkundung der Rosenstadt

Ich erinnere mich noch gut an den Tag, an dem wir uns auf den Weg zur Gartenmesse nach Putbus machten. Wir beabsichtigten für die Sandkiste hinter unserem Haus, die wir auch Garten nannten, nach der richtigen Bepflanzung zu suchen. Ich hoffte, bei den Ausstellern rund um den Marstall und im Schlosspark fündig zu werden.

Da ich zu dieser Zeit noch nicht lange auf der Insel weilte, hatte ich Putbus zuvor erst einen, dazu sehr kurzen Besuch abgestattet. Trotzdem waren mir die weiß getünchten Stadthäuser und der Circus – ein kreisrunder Platz, in dessen Mitte ein Obelisk steht, der die Fürstenkrone trägt – in Erinnerung geblieben.

Ich erfuhr, dass Putbus den Beinamen »Die weiße Stadt« trägt und von Fürst Wilhelm Malte I. 1810 auf dem Reißbrett geplant worden ist. Eine Residenzstadt sollte es werden. Mit italienischen Einflüssen. Und Badegäste wünschte sich der Fürst; drüben in Lauterbach, am Bodden. 1817 ließ er hier das Badehaus Goor errichten. Später kamen noch das Residenztheater, der Marstall, eine Kirche und die Orangerie hinzu. Trotzdem verlagerte sich das Interesse der Badegäste bald auf die offene See und die aufstrebenden Ostseebäder. Zurück ist ein architektonisches Ensemble geblieben, dessen zeitgemäße Nutzung und Erhaltung die Stadtverwaltung auch heute noch vor immer neue Herausforderungen stellt.

Unser Pflanzenproblem löste sich beim Abstellen des Wagens auf dem Parkplatz am Circus wahrhaftig in Luft auf. Denn meine Mutter entdeckte die Rosen in Pink, Rot oder Gelb, die vor jedem der Häuser hier wunderbar blühten. Sie waren die Lösung! Denn, so erklärte sie, Rosen lieben Sandböden, weil die kristalline Struktur Staunässe an den Wurzeln verhindert. Und so erwarben wir drei Kaskadenrosen, die noch heute in unserem Garten prächtig blühen und gedeihen.

Besuchen Sie das Uhren- und Musikgerätemuseum. Bestaunen sie die über 1.000 Exponate, die Sammler Franz Sklorz in seinem Leben zusammengetragen hat.

40

Radtour Seedorf–Lauterbach
Startpunkt:
Brücke Seedorf
18586 Sellin

Tour d’Allèe Rügen
Tour d’Allée Rügen e.V.
Wiesengrund 73
18528 Zirkow/Rügen
www.tda-ruegen.de

AUF DEM OSTSEEKÜSTENRADWEG

Mit dem Fahrrad nach Lauterbach

Der Insulaner liebt sein Fahrrad. Es ist immer wieder erstaunlich, dass er es bei jedem Wetter aus dem Schuppen holt und sich mit einer Entschlossenheit gegen den Wind stemmt, die mir Respekt abverlangt. Auch mit dem Alter braucht man nicht zu kommen. Wenn die Damen und Herren der Baaber Heidesänger schwungvoll zur Chorprobe heranrollen, wird jede diesbezügliche Ausrede komplett ad absurdum geführt.

Ganz klar, dass wir uns von der Begeisterung fürs Radfahren haben anstecken lassen. Besonders der Teil des Ostseeküstenradweges von Seedorf über Preetz, Groß Stresow nach Lauterbach hat es uns angetan. Er führt parallel am Rügischen Bodden entlang durch wunderschöne Wiesenlandschaften, auf denen je nach Jahreszeit Löwenzahn, Mohn, Kornblumen oder Kamille blühen. Alte Kopfweiden säumen den Weg und ein jungsteinzeitliches Großsteingrab, »Ziegensteine« genannt, lädt zur Besichtigung ein. Nachdem wir uns in Groß Stresow am Kiosk gestärkt haben, spazieren wir durch das malerische Dörfchen. In den Vorgärten der mit Ried gedeckten Häuschen wachsen Stockrosen in den Himmel. Nebenan hat ein Schwung Zicklein den Weg in einen Bauerngarten gefunden und verkostet den frischen Kopfsalat. Später am Tag erreichen wir Lauterbach und nehmen den Rasenden Roland zurück nach Binz.

In den vergangenen Jahren erreichte das Radwegenetz auf der Insel eine Länge von weit über 100 Kilometer. Davon allein 40 Kilometer auf Mönchgut, die so verlaufen, dass die Halbinsel und ihre Sehenswürdigkeiten vom Rad aus entdeckt werden können. Dass der Urlauber dazu nicht unbedingt sein eigenes Fahrrad mitbringen muss, ermöglichen professionelle Fahrradverleiher. Ach ja, und was den Wind angeht, haben mir die Damen und Herren vom Chor folgendes erzählt: Gegenwind formt den Charakter. Na, dann mal los!

Der Radsportverein *Tour d'Allée Rügen e.V.* fördert das Radfahren auf Rügen und organisiert alljährlich die *Tour d'Allée Rügen* als Radsportevent.

41

Ausfahrt zur Insel Vilm
Ausgangspunkt: Hafen
Lauterbach
18581 Putbus

Fahrgastreederei Lenz e.K
Chausseestraße 5b
8581 Putbus
038301 61896
www.vilmexkursion.de

Von Rügenfürsten bis Honecker

Ausfahrt zur Insel Vilm

Während die MS Julchen den Hafen von Lauterbach verlässt, sammeln sich die Passagiere am Heck des Schiffes, um das näher kommende Eiland zu betrachten. Es geht noch immer ein besonderer Zauber von der Insel Vilm aus, wie schon in früheren Zeiten. Ob die slawischen Rügenfürsten, die mittelalterlichen Mönche, der Fürst zu Putbus, dessen Kinderstube auf der Insel lag, oder DDR-Staatsfunktionäre, die hier ihre Ferien verbrachten – sie alle schätzten über Jahrhunderte hinweg die Unzugänglichkeit des Ortes sowie die einzigartige und ursprüngliche Natur, die dadurch erhalten geblieben war. Uralte Eichen strecken hier ihre knorrigen Arme in den Himmel und stattliche Buchen säumen den Rundweg, welcher den Besucher über die Insel führt. Immer wieder gibt es malerische Aussichten, steile Sandküsten und Findlinge, die aufgereiht im Wasser liegen.

Der Reiz dieser Unberührtheit zog bereits Ende des letzten Jahrhunderts viele Künstler in seinen Bann. So schwärmte der Dresdner Arzt und Maler Carl Gustav Carus in seinem Tagebuch: »Ich kann sagen, ich habe kaum jemals wieder dies Gefühl so ganz reinen, schönen und einsamen Naturlebens gehabt, wie damals auf diesem kleinen Eilande. (…) wie ungestört und ehrwürdig sind da Eichen und Buchen zu ungewöhnlichem Umfange aufgewachsen.«

Nachdem die MS Julchen am Ausleger festgemacht hat, strömen die 30 Inselbesucher von Bord. Mehr dürfen es wegen der strikten Naturschutzauflagen pro Führung nicht sein. Nur einmal, im Wendewinter 1989, hielt sich niemand daran. Zu groß war die Neugier auf den Mythos von Honneckers Ferienheim auf der Insel. Die Lauterbacher liefen kurzerhand über die zugefrorene Ostsee, um das Geheimnis, das eigentlich schon keines mehr war, persönlich zu lüften. Heute kann jeder, der möchte, den Zauber des Eilandes genießen und sich für ein paar Stunden wie Robinson Crusoe fühlen.

Für einen Ausflug auf die Insel Vilm sollten Sie sich unbedingt anmelden. Buchen können Sie bei der Tourismusinformation oder der Fahrgastreederei Lenz.

42

Zickersches Höft
18586 Gager

Taun Hövt
Appartements und
Restaurant
Boddenstraße 61
18586 Mönchgut/Groß
Zicker
038308 5420
www.taun-hoevt.de

DEN HIMMEL MIT DER HAND BERÜHREN

Zickersches Höft

Für meine Frau Sylvia sind die welligen Rasenhügel, die sich unter bunten Trockengraswiesen verstecken, der perfekte Ort, um wieder »runterzukommen«. Hier auf den Hügelkuppen zwischen mannshohen Sanddornbüschen, Föhrenwäldchen und den grasenden Schafen von Schäfer Westphal entschleunigt sich das Leben schlagartig. Die Luft um einen herum ist erfüllt von Blumenduft und Grillenzirpen. Wolken segeln wie Schiffe über den endlos blauen Himmel und Sperlinge baden vergnügt im Sand. Endlich einmal durchatmen. Vergessen ist die Hektik der Großstadt, das Gewusel in den U-Bahnen, der nächtliche Lärm und das ständige Handyklingeln. Irgendwie sind diese Hügel ein bisschen wie das Ende der Welt.

Vielleicht liegt es daran, dass Groß Zicker eine Halbinsel ist und das beeindruckende Steilufer, das Zickersches Höft, deren Ende bildet. Wer Lust verspürt, kann unterhalb dieses Steilufers entlangwandern, was circa zwei bis drei Stunden dauert. Es gibt aber auch eine Abkürzung: Ungefähr auf der Hälfte der Strecke, am Nonnenloch, führt eine Treppe vom Strand weg zurück in Richtung Groß Zicker. Nutzen Sie diesen Weg, verpassen Sie jedoch eine botanische Seltenheit: die Wildapfelbäume am Strand von Gager. Entschädigt werden Sie dafür mit der Vielfalt an Blumen und Kräutern, die es auf den Trockenwiesen zu entdecken gibt. Ob Schwalbenwurz, Schlüsselblume, Steinbrech oder Wachtelweizen, sie alle wachsen hier und verdanken ihr Dasein unter anderem dem Rauwolligen Pommerschen Landschaf. Durch die kontinuierliche Beweidung bewahren die Schafe die Rasenflächen vor der Ausbreitung von unerwünschtem Strauchwerk.

Meine Frau sitzt im Gras, streckt sich und schaut ein letztes Mal auf Gager hinab. Der Wind ist aufgefrischt und beugt die Gräser. In der Ferne werden auf einem Boot die Segel gerefft, um in den nahen Hafen einzulaufen. Wie schnell der Tag vergangen ist.

Nach der Wanderung zum Stärken ins Restaurant *Taun Hövt.* Besonders lecker: Milchreis mit Zucker und Zimt.

48

Ausblick vom
Lotsenturm
Lotsenberg 1
18586 Thiessow

Kurverwaltung
Ostseebad Thiessow
Hauptstraße 36
18586 Thiessow
038308 8280
www.ostseebad-thiessow.de

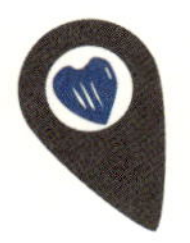

DAS LAND DER STRANDRÄUBER

Lotsenturm

Die Strandräuber von Thiessow waren berüchtigt. Das Leben auf der Halbinsel war hart und die Ernteerträge durch den sandigen Boden übersichtlich. Da war die Ladung eines gestrandeten Schiffes immer willkommen – zumal nach damaliger Gesetzgebung jeder Strandfund dem Finder gehörte. Und kam es vor, dass sich eine Zeit lang kein Schiff in die Untiefen der Insel verirrte, wurde etwas nachgeholfen. Dann loderte das Leuchtfeuer an der falschen Stelle am Strand und der unwissende Kapitän lief auf Grund. Wobei – und das sei an dieser Stelle ausdrücklich erwähnt – in den Chroniken keine Übergriffe auf die Schiffsmannschaften der gestrandeten Schiffe vermerkt wurden.

Trotzdem reichte es der preußischen Regierung im Jahr 1854 mit den Beschwerden der Kaufleute. Sie ließ einen Lotsenturm in Thiessow errichten, von wo aus der Schiffsverkehr überwacht wurde. Die Lotsen dafür wurden extra aus der Ferne herbeigeholt, um bestehende Kontakte zu Einheimischen auszuschließen. Diese Maßnahme zeigte sich nachweislich als sehr erfolgreich, was das Unterbinden des Strandraubs anging. Doch da die Lotsen ledige Männer im Staatsdienst waren, dauerte es nicht lange, bis es zu intensiven Kontakten mit dem weiblichen Teil der einheimischen Bevölkerung kam. Die Resultate kann man in den Kirchenbüchern unter der Rubrik »Heiraten« nachlesen.

Und der Lotsenturm? Heute besitzen die Schiffe computergestützte Navigations- und Satellitenortungssysteme, sodass Lotsen an den Küsten Rügens nicht mehr benötigt werden. Der alte Lotsenturm jedoch wurde von der Gemeinde Thiessow renoviert beziehungsweise neu aufgebaut. Gegen ein geringes Eintrittsgeld können Sie das Drehkreuz am Fuße des Turmes passieren. Für das Treppensteigen werden Sie anschließend mit einem der fantastischsten Weitblicke über die Halbinsel Mönchgut belohnt.

Jeden Dienstag und Donnerstag findet in Thiessow der Rügenmarkt statt, wo Händler regionale Erzeugnisse, Obst und Gemüse sowie Kunstgewerbliches anbieten.

44

Am Bollwerk
Bollwerkstraße 1
18586 Ostseebad Baabe

Fischkutter Lütt Matten
Werner Wanitschke
Bollwerkstraße 1b
18586 Ostseebad Baabe
0 1511 1977148
www.fischkutter-luett-matten.de

VON FISCHBRÖTCHEN UND FÄHRMÄNNERN

Am Bollwerk

Seit Kurzem »segelt« im Windschatten des Hotels Solthus ein alter Rügener Fischkutter mit, der von Werner Wanitschke zum attraktiven Hafenimbiss *Lütt Matten* umgestaltet wurde. Besondere Aufmerksamkeit verdienen die Fischbrötchen, die vor Frische krachen, wenn man hineinbeißt. Mit mild würzigen Zwiebelringen und Bismarck oder Matjes, der so schmeckt, als wäre er gerade Mutters Einlegefass entnommen worden. Mag sein, dass die Kilometer, die wir mit dem Rad auf dem neuen Radweg zwischen Baabe und Alt Reddevitz zurückgelegt haben, an unserem zügellosen Appetit nicht ganz unschuldig sind.

Doch eines ist klar: Bevor wir die nächste Teilstrecke unter die Räder nehmen, kommt uns eine Rast am neu gestalteten Baaber Bollwerk gerade recht. Übrigens ist das alte Bohlenwerk kaum wiederzuerkennen. Neben dem modernen Anlegeplatz für Fahrgastschiffe stehen jetzt für Bootstouristen, die sich dem Ostseebad vom Wasser aus nähern, 25 neue adaptierte Liegeplätze zur Verfügung.

Aber auch lieb gewonnene Traditionen werden gepflegt. Seit 1891 verkehrt eine von Hand betriebene Ruderbootfähre über die Baaber Bek vom Ostseebad Baabe hinüber nach Moritzdorf. Nur 50 Meter lang ist diese Strecke und somit ist sie die kürzeste Fährverbindung Europas. Vorwiegend Radfahrer wie wir nutzen die Dienste von Herrn Strandmann, um hier gegen ein geringes Entgelt überzusetzen.

Dafür ersparen wir uns einen Umweg von beinahe acht Kilometern, der uns rund um den Selliner See führen würde, um nach Seedorf zu gelangen. Da warten wir auch gern, bis wir zwei der 15 Plätze im Boot ergattern können. Und sollte sich bereits eine längere Schlange am Fährsteg gebildet haben, bestelle ich mir erst einmal ein Fischbrötchen. So viel Zeit findet sich immer!

Mit der Weißen Flotte eine Minikreuzfahrt machen, vom Baaber Bollwerk nach Lauterbach, über die Rügenschen Bodden und vorbei an der Insel Vilm.

45

Fischerstrand Baabe
Strandabgang
Fischerstrand
18586 Ostseebad Baabe
www.baabe.de

WENN DER HERING ZIEHT

Fischerstrand

Ein neuer Tag sickert als schmaler Lichtstreif durch den bleigrauen Himmel. Es bläst ein eisiger Ostwind, das Meer ist unruhig – »kabbelig« sagt man hier. Die Männer der Fischerkompanie in ihrem wasserdichten Ölzeug winken ab: Höchstens Windstärke vier. Kein Grund, nicht hinauszufahren. Sie kennen ihre Braut, die Ostsee. Küstenfischerei hat hier eine lange Tradition.

Anfang April, wenn die Netze gestellt werden, ist die See meistens ungehalten. Nicht selten toben Frühjahrsstürme, dann warten die Fischer geduldig. Seit Generationen zieht der Hering im Frühjahr zum Laichen in die flachen Gewässer rund um Rügen.

Früher wurde zu Beginn der Vorsaison, wenn Tisch und Bett noch leer waren, die Ankunft des Herings sehnlichst erwartet. Der Brotfisch, wie er auch genannt wird, beendete die Zeit des Darbens nach den langen Wintermonaten. Teilweise ist dies auch heute noch so. Dem Wunsch nach der Konservierung des Herings ist eine Vielzahl an Rezepten zu verdanken: den Brathering, geräucherten oder gepökelten Hering, Matjes, Rollmops oder Bismarckhering.

Die preußische Regierung in Berlin erkannte, dass die Salzkonservierung für den Verkauf und Weitertransport der Heringe essenziell wichtig war. Also erhob sie auf die Nutzung der Salzhäuser an den Ostseestränden Steuern. Die Fischer auf Mönchgut umgingen geschickt den Erlass, indem sie ihre Salzhäuser (Solthus) an die Binnengewässer verlegten. Dem frisch gepökelten Hering war es egal, von wo aus er nach Greifswald und Stralsund verschifft wurde.

Die Männer ziehen zwei Boote über den Strand. Möwen, die bisher dösend im Sand hockten, sind plötzlich hellwach. In den nächsten Stunden werden die Fischer alle Hände voll zu tun haben. Ihr Überleben hängt heute nicht mehr allein vom Fangertrag ab, eher von den Fangquotenregelungen, die aus dem fernen Brüssel diktiert werden.

In der Fangsaison können Sie morgens, in der Regel ab 7 Uhr, am Fischerstrand im Ostseebad Baabe frischen Fisch erwerben. Solange der Vorrat reicht …

46

Seebrücke Sellin
Seebrücke 1
18586 Sellin
038303 929600
www.seebrueckesellin.de

IM ZEICHEN DER GOLDENEN ZWANZIGER

Seebrücke

Unbestritten ist die Seebrücke seit dem 2. April 1998 das Wahrzeichen Sellins. Denn seit diesem Tag erstrahlt sie im Glanz ihrer neu errichteten Schönheit. Und zu Recht bereitet es dem Betrachter Gänsehaut, wenn er von oben, vom Rand der Steilküste aus 40 Metern Höhe, einen Blick auf das schneeweiße, dem Bäderstil nachempfundenen Ensemble wirft.

Um die 394 Meter lange Seebrücke aus der Nähe ansehen zu können, kann man einen Lift nutzen, der das Steilufer mit dem Strand verbindet. Oder man steigt eine Treppe hinunter. Sie wird von den Einheimischen augenzwinkernd »Himmelstreppe« genannt, was wohl daran liegt, dass ihre 99 Stufen schmal sind und der Auf- beziehungsweise Abstieg lang und steil ist. Doch egal, für welche Variante Sie sich entscheiden, am Ende stehen Sie auf einer Seebrücke, wie sie nur drei Mal in Deutschland zu finden ist. Ihr Alleinstellungsmerkmal? Im Seebrückengebäude ist ein Restaurant untergebracht, welches die Gäste mit seinem außergewöhnlichen Ambiente verzaubert. Hier auf der Selliner Seebrücke erwartet den Besucher der besondere Charme der 20er-Jahre. Links vom Eingang, im vom Licht durchfluteten Palmengarten, werden auf zwei Etagen die köstlichen Kreationen von Küchenchef Martin König serviert. Gegenüber, im Kaiserpavillon, machen die vielen liebevoll gestalteten Details deutlich, dass die Brücke aufwendig nach historischen Vorbildern wiederaufgebaut wurde. Selbstverständlich können Sie auch in diesem Teil des Restaurants aus dem vorzüglichen Speiseangebot wählen. Und vielleicht geht es Ihnen beim Essen genauso wie mir. Beim Blick durch die großen Fenster hinaus aufs Meer und auf die Schiffe, die am Anleger festmachen, fühlt man sich ein wenig wie auf einer Kreuzfahrt, als ob man an Bord eines dieser alten Ozeanliner wäre.

Starten Sie Ihre Besichtigungstour am Anfang der Wilhelmstraße und erleben Sie auf Ihrem Weg zur Seebrücke die beeindruckenden Bädervillen.

47
Bernsteinmuseum Sellin
Granitzer Straße 43
18586 Sellin
038303 87279
www.bernsteinmuseum-sellin.de

DAS GOLD DES MEERES

Bernsteinmuseum

Seit drei Tagen weht ein rauer auflandiger Nordostwind, der mit voller Wucht auf die Küste trifft. Die Einheimischen nennen diesen Sturm Bernsteinwind, denn nur er bringt das begehrte Gold des Meeres mit. Doch zuerst muss das Meer zur Ruhe kommen, der Sturm abklingen. Dann findet man mit etwas Glück zwischen Holzstückchen, Seetang, Kiefernzapfen und Miesmuschelschalen den einen oder anderen Bernstein. Aber ist Bernstein wirklich ein Edelstein? Leider nicht, erfahren wir von Goldschmiedemeister Jürgen Kintzel, dem Gründer des Bernsteinmuseums in Sellin. Bernstein ist überhaupt kein Stein, sondern das versteinerte Harz eines heute ausgestorbenen Nadelbaumes, der vor 35 bis 55 Millionen Jahren in den damals subtropischen Wäldern Mitteleuropas wuchs. Das dünnflüssige Harz tropfte zu Boden und wurde dort konserviert. Die Meere breiteten sich aus, überfluteten teilweise die Böden und nahmen den Bernstein mit sich. Durch den Sturm vom Meeresboden emporgewirbelt, schwebt er im Wasser umher, bis er am Spülsaum des Strandes abgelegt wird.

Jürgen Kintzel führt uns zu einer Glasvitrine und zeigt uns Bernsteine mit Einschlüssen, sogenannte Inklusen. Meistens sind es Insekten wie Mücken und Fliegen und oftmals auch Pflanzenteile. Sie wurden vom herabtropfenden Harz mitgerissen und eingeschlossen.

Aber wie kommt ein Goldschmiedemeister dazu, ein Bernsteinmuseum zu eröffnen? Über die tägliche Arbeit, erfahre ich. Bernsteinschmuck erfreue sich nach wie vor großer Beliebtheit und selbstverständlich wollen die Leute beim Kauf alles darüber wissen. Vor allem, wo man ihn findet, wie man ihn erkennt, wie er bearbeitet wird und was das größte Stück war, das auf Rügen je gefunden wurde. Bei so viel Interesse für das Gold des Meeres war es naheliegend, ein Museum zu eröffnen, um alle Fragen ausreichend zu beantworten.

Auf der Seebrücke in Sellin gibt es eine Tauchglocke. Mit ihrer Hilfe kann man zwar keinen Bernstein finden, aber die Tiefen der Ostsee kennenlernen.

48

Strandpromenade
18609 Binz

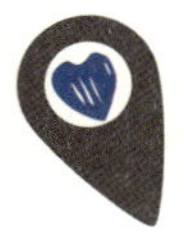

IM GLANZE WILHELMINISCHEN JUGENDSTILS

Strandpromenade

Selbstbewusst stehen die weißen Villen in der Morgensonne. Auf den ersten Blick erinnern sie mich an Kinder, denen die Mutter für den Sonntagsspaziergang die schönsten Sachen angezogen hat, verbunden mit der Ermahnung, sich nicht schmutzig zu machen. Doch ein buntes Badetuch verrät, dass die Villen und Loggien mit ihren filigranen schmiedeeisernen und hölzernen Ornamenten und Giebeln nicht nur schön anzusehen sind, sondern auch noch heute bewohnt werden.

Dank der Weitsicht von Fürst Wilhelm zu Putbus, der 1880 mit der Strandallee eine Verbindung zwischen dem Dörfchen Binz und dem Ostseestrand schuf, begann bald eine rege Bautätigkeit. Aber es stand nicht unbegrenzt Raum zur Verfügung, um die erwartet hohe Zahl von Feriengästen unterzubringen. Doch Not macht bekanntlich erfinderisch. So gelang trotz festgelegter Bauhöhe mithilfe von Flachdächern eine optimale Ausnutzung der oberen Etage. Ergänzend dazu boten Balkone, Loggien und Terrassen zusätzlichen Raum. Die Schmuckelemente aus Holz und Schmiedeeisen, die gleichzeitig für mehr Stabilität sorgen, verleihen den einzelnen Häusern ein unverwechselbares Aussehen. Häufig zieren Erker, Türmchen und Nischen die Fassaden. All diese Elemente sind, trotz individueller Ausformungen, so etwas wie ein Charakteristikum des Pommer'schen Bäderstils.

1945 litt dieser Charakter, als man notwendigerweise viele Loggien verglaste, um zusätzlichen Wohnraum für Flüchtlinge zu schaffen. Bedenklich verändert wurde er nach der Verstaatlichung 1953 und der anschließenden Nutzung als FDGB-Ferienheim. Während dieser Zeit wurden die meisten Bädervillen völlig heruntergewirtschaftet.

Heute betrachte ich dankbar die einzigartigen Fassaden. Wie gut, dass diese Jugendstilvillen zu alter Schönheit zurückgefunden haben.

Der September ist der Monat der Bäderarchitektur in Binz. Neben dem Tag der offenen Villen finden Führungen und Theateraufführungen zum Thema statt.

49

Zugfahrt mit dem Rasenden Roland
Startpunkt: Kleinbahnhof
Bahnhofstraße
18609 Binz

Rügensche Bäderbahn – Rasender Roland
Bahnhofstraße 14
18581 Putbus
038301 884012
www.ruegensche-baederbahn.de

MIT WASSER UND DAMPF ÜBER DIE INSEL

Zugfahrt mit dem Rasenden Roland

Als ich nach Rügen kam, besaß ich keinen Führerschein. Das lag vor allem daran, dass ich bis dahin in Städten mit einem großen Angebot an öffentlichen Verkehrsmitteln gewohnt habe. Aber hier? Ja, es fahren von Binz aus Busse. In alle Richtungen. Aber als der Winter Einzug hielt und der Schnee sich zu Verwehungen auftürmte, konnte mir nur einer weiterhelfen: der Rasende Roland. Ich kaufte mir eine Wochenkarte. Da ich oft der einzige Fahrgast war, kannte mich der Schaffner bald. Noch während der Zug am Bahnsteig einfuhr, öffnete er die Tür seines Dienstabteils und rief: »Herr Doktor! Wagen drei ist eingeheizt!« Ein wunderbarer Luxus, bei zehn Grad unter Null und Eiszapfen, die von den Dächern hingen.

Wenn ich hinter mir die Schiebetür schloss und das Innere des Waggons betrat, bullerte zur Begrüßung im Ofen ein Feuer. Ich zog die Jacke aus und hauchte ein Guckloch in die Eisblumen am Fenster. Während der Fahrt las ich und kam mir dabei ein bisschen wie Dr. Schiwago vor. Nur ohne Lara und ohne Klaus Kinski als Begleiter. Ein Blick in die Geschichte verrät, dass der Bau eines umfangreichen Kleinbahnnetzes in den Jahren 1895 bis 1899 den Personen- und Gütertransport auf Rügen erleichterte. Auch zu DDR-Zeiten leistete der Roland wichtige Dienste im Bäderverkehr. Da es kaum Busse und Taxis gab, wurde vor allem die Strecke Binz–Göhren von Touristen stark beansprucht.

Warum der Rasende Roland diesen Namen trägt, lässt sich heute nicht mehr ergründen. Die einen behaupten, es sei eine spöttische Bezeichnung, da der Zug früher wegen der schlechten Kohle nur im Schritttempo fuhr. Andere meinen, Bergleute aus Sachsen hätten ihn so getauft.

Ach ja, obwohl ich inzwischen im Besitz eines Führerscheins bin, liegt der Fahrplan vom Roland immer im Küchenschrank. Der nächste Winter kommt bestimmt!

Ein Kindertraum kann in Erfüllung gehen! Nach vorheriger Anmeldung darf ein Kind in Begleitung eines Elternteils auf dem Führerstand der Lok mitfahren.

50

Fischräucherei Kuse
Strandpromenade 3a
18609 Binz
038393 2970
www.fischraeucherei-kuse.de

VOM BÜCKLING, DER MAL EIN HERING WAR

Fischräucherei Kuse

Mit dem zeitigen Aufstehen kennen sich Jürgen und Manfred Kuse aus. Schließlich betreiben sie schon in der vierten Generation Küstenfischerei. Dass sie die letzten Fischer in Binz sind, stört sie nicht. Zu schaffen machen ihnen eher die Vorgaben für die Fangmengen und die Tatsache, dass die Genossenschaft für die Tonne Hering nicht mehr als 500 Euro bezahlt. Wirtschaftlich wichtige Standbeine der Familie sind deshalb das kleine Restaurant am Ende des Strandes von Binz und die hauseigene Räucherei. Trotzdem steht Jürgen Kuse im Morgengrauen auf und fährt mit seinen Helfern hinaus zu den Stellnetzen, um sie zu leeren. Zum einen, weil er seine Passion als Fischer leben will und ihm die Pflege der Familientradition wichtig ist. Zum anderen, weil der Räucherfisch der Kuses inzwischen Fans und Gourmets aus der ganzen Republik anzieht.

Und ehrlich, der is aber auch wat lecker! Kein Wunder, denn der fangfrische Fisch wandert sofort nach der Anlandung in den Räucherofen. Danach ziert er in allen Formen und Varianten die Auslage der Fischtheke. Das Wasser läuft einem im Mund zusammen bei dem leckeren Anblick: Butterfisch, Makrele, Heilbutt oder Lachs liegen appetitlich nebeneinander. Dazu wird Brot oder Salat gereicht. Wer möchte, kann auch halbe belegte Fischbrötchen bekommen – was meiner Meinung nach eine gute Idee ist, denn so besteht die Möglichkeit, verschiedene Sorten zu probieren. Dazu sollten Sie auf jeden Fall ein kühles Bier aus dem Norden trinken. Der herb-würzige Geschmack von Flensburger, Jever oder Lübzer passt hervorragend zum Räucherfisch. Den perfekten Rahmen erhält das kulinarische Erlebnis, wenn Sie sich auf der windgeschützten Terrasse einen Platz mit Blick auf Strand und Meer suchen. Stilechter können Sie Räucherfisch auf der Insel Rügen nicht essen.

Folgen Sie dem Küstenverlauf in Richtung Granitz bis zum Ende der Bucht. Hier, zwischen Findlingen, Buchen und Kormoranen, lädt die Insel zu Abenteuern ein.

51

Baumwipfelpfad im Naturerbe Zentrum Rügen
Forsthaus Prora 1
18609 Binz
038393 662200
www.baumwipfelpfade.de

MIT RÜGENS NATUR AUF AUGENHÖHE

Baumwipfelpfad im Naturerbezentrum Rügen

Das hätte sich der ehemalige Oberforstmeister Hanel, der im Auftrag des Grafen Malte zu Putbus (1889–1945) die Forstflächen verwaltete, nie zu Träumen gewagt: ein Spaziergang zwischen den Baumkronen ausgewachsener Buchen. Heute wird dieses Erlebnis durch das Naturerbe-Zentrum mit seinem Baumwipfelpfad möglich, das in unmittelbarer Nähe zum einstigen Forsthaus entstand. Erwartungsvoll lenke ich meinen Wagen auf den Parkplatz. Schon von weitem begrüßt mich der Aussichtsturm.

Doch bevor mein Abenteuer in luftiger Höhe beginnt, treffe ich Geschäftsführer Jürgen Michalski. Er erklärt mir, dass der Baumwipfelpfad mit einer Ausdehnung von 1,25 Kilometer zu den längsten Baumwegen Deutschlands gehört. Pfeiler von vier bis zu 17 Metern Höhe stützen die Konstruktion. Darüber hinaus laden Infostationen entlang der Strecke die Besucher zum Mitmachen ein. Kennen Sie den Ruf eines Bartkauzes? Wissen Sie, wie ein Echo entsteht? Oder wie schwer es ist, vorwärts über quer verlegte und sich um die eigene Achse drehende Rundhölzer zu laufen? Ergänzend dazu vermittelt eine Dauerausstellung im Empfangsgebäude viel Wissenswertes über die ökologische Vielfalt der Natur auf der Insel Rügen. Hier erfahre ich unter anderem, dass die Naturerbefläche Prora vormals ein Militärübungsplatz war. Heute ist die Deutsche Bundesstiftung Umwelt (DBU) Träger dieser Flächen und ihre Aufgabe besteht hauptsächlich darin, diese Areale mit ihrer einzigartigen Natur langfristig zu sichern.

Dann geht's los. Der Pfad zwischen den Wipfeln ist beeindruckend. Zudem behindertengerecht. Selbst zur Aussichtsplattform des 40 Meter hohen Turms führt ein serpentinenförmig angelegter, stetig ansteigender Weg hinauf. Und ehrlich, die Aussicht ist toll. Wenn man hier steht und ringsum über das Land schaut, versteht man, warum der Architekt für diesen Turm die Silhouette eines Adlerhorstes nachempfand.

Nehmen sie an einer Vollmondwanderung teil. Jemand sagte mir, vom Turm aus könne man den Mond mit der Hand berühren.

52

Stadthafen Sassnitz
Am Hafen 12
18546 Sassnitz
038392 665377

EIN TOR ZUR WELT

Stadthafen

Sassnitz ist ein Seebad der ersten Stunde. 1885 verwies man stolz auf die Badegäste und Sommerfrischler, die adligen Kreisen entstammten oder wohlhabende Fabrikanten oder Kaufleute waren. Darunter keine Geringeren als der Generalfeldmarschall und Hohenzollernprinz Friedrich Karl und 1890 die hochschwangere Kaiserin Auguste mit ihren fünf Söhnen, Hofdamen und dem Leibarzt. Selbst Theodor Fontane, der im Hotel zum Fahrnberg nächtigte, lässt Baron von Innstetten in seinem Roman *Effi Briest* erklären: »Denn nach Rügen reisen, heißt nach Sassnitz reisen.«

Aber bereits 1911 hatte das Seebad Binz mit seinem Sandstrand und der moderateren Auslegung der Badeverordnung, was die Geschlechtertrennung während des Badens anging, dem sittenstrengen Sassnitz den Rang abgelaufen. Alternativ zum rückläufigen Badebetrieb wurde die Industrialisierung vorangetrieben. Ein Hafen wurde errichtet, die Bahn bis an die Stadt herangeführt und die Verarbeitung sowie Konservierung von Fisch rückten in den Mittelpunkt des Geschehens. Schnell entwickelte sich der Fähr- und Fischereihafen zum Dreh- und Angelpunkt der Stadt und bestimmte von nun an ihren Herzschlag.

Heute dümpeln hinter der längsten Schutzmole Europas Fischkutter, Ausflugsschiffe und Besucherjachten im Hafenbecken, wird fangfrischer Fisch angelandet und die Seenotrettungskreuzer hoffen darauf, nicht auslaufen zu müssen. In der Fischhalle wird feilgeboten, was die Saison hergibt: Lachs, Dorsch, Aal, Butt oder Hering. Filetiert oder komplett am Stück. Wenn ich im Café Gumpfer auf der Mole sitze und meinen Kaffee trinke, denke ich an die Zeit zurück, wo es mir als DDR-Kind nur erlaubt war, vom »Sachsenblick« aus einen Blick auf den Fährhafen zu erhaschen. Schweden schien mir damals genauso weit weg zu sein wie der Mond. Aber das ist zum Glück Geschichte und lange vorbei!

Während der *Sassnitz Sail* können Sie die typischen Ostsee-Schoner mit ihren Besatzungen bei der Regatta um den Sassnitzer Hafenpokal hautnah erleben.

58

Ernst-Moritz-Arndt-Sicht
Kreideküste Rügen
Startpunkt: Waldhalle
18546 Sassnitz

Nationalpark Jasmund
Stubbenkammerstraße 1
18546 Sassnitz
038392 3501122
www.nationalpark-jasmund.de

Caspar David Friedrichs Inspiration

Wanderung zur Kreideküste

Klein ist das Schild und leicht zu übersehen, das kurz hinter Sassnitz dazu auffordert, die Bundesstraße zu verlassen, um den Weg Richtung Waldhalle einzuschlagen. Besagte Waldhalle ist ein Ausflugsrestaurant, das unweit der Kreideküste liegt, und damit ein beliebter Anlaufpunkt für Wanderer auf dem Hochuferweg. Hobbyausflügler wie ich, die sich das erste Stück ab Sassnitz ersparen wollen, starten von hier aus ihre Wanderung zur Ernst-Moritz-Arndt-Sicht. Dieser Aussichtspunkt ist ein gewaltiger Kreidepfeiler, der 60 Meter in die Höhe ragt. Bekannt geworden ist das Aussichtsplateau nicht nur wegen der wunderbaren Ausblicke auf Kreidekliff, Steinstrand und Meer, sondern auch wegen einer Buche, die sich seit Jahren trotz extremer Schräglage an den Felsen klammert.

Unser Weg führt uns an den Wissower Klinken vorbei. Die Kreideklippen hier waren vor allem für die markanten Zinnen berühmt, die sich dem Wanderer vom Uferweg wie Engelsflügel darboten. Als diese Kreideformation im Februar 2005 abbrach und auf den Strand stürzte, glich es einer nationalen Tragödie. Zumal viele vermuteten, dass es genau die Klinken waren, die auf Caspar David Friedrichs Bild »Kreidefelsen auf Rügen« zu sehen sind. Aber dem ist nicht so. Friedrich konstruierte seine Bilder. Dafür abstrahierte und skizzierte er die Bildelemente in der Natur, um sie später als verfremdetes Abbild zu nutzen. Heute wird davon ausgegangen, dass die Schlucht zwischen Königsstuhl und Feuerregenfelsen Friedrich zu seinem berühmten Gemälde inspiriert hat.

Schließlich erreichen wir die Ernst-Moritz-Arndt-Sicht. Unser erstes Interesse gilt der Buche. Sie ist immer noch da. Fast ist man geneigt, zu hoffen, dass es noch lange so bleibt. Aber wir wissen, dass die Dynamik der Kreideküste dem natürlichen Lauf der Dinge folgt und die Klippen immer neue Gestalt annehmen werden.

Während einer Schiffsrundfahrt präsentiert sich die Kreideküste am eindrucksvollsten. Fahren Sie wegen des Sonnenstands möglichst vormittags.

54

Restaurant Daheim
Arkonastraße 10 & 12
18551 Lohme
038302 9352
www.restaurant-daheim-lohme.de

Endlich wieder zu Hause

Restaurant-Café *Daheim*

»Alles nimmt ein gutes Ende für den, der warten kann.« Auch für die älteste Lohmer Fischer- und Gastwirtfamilie Burwitz hieß es lange warten, bis eine alte Familientradition wieder aufleben konnte. Vor der politischen Wende waren Ilona und Jörg Burwitz in ihren erlernten Berufen tätig: Während sie als Erzieherin im Kinderheim Lohme tätig war, arbeitete er als Schiffsbauingenieur im Fischfang Sassnitz.

Mit dem Umbruch 1989 wurde auch die Familie Burwitz mit neuen, weitreichenden Entscheidungen konfrontiert. Trotzdem nahmen sie sich von Anfang an vor: Egal, wie gravierend die Umbrüche und nachhaltigen Veränderungen sind, wir bleiben in Lohme!

Aber wie sollten sie das bewerkstelligen? In diesem Moment erhielten sie unerwartete Hilfe: Vergilbte Fotos, welche ihre Vorfahren als Fischer und Wirtsleute zeigten, weckten die Erinnerung an eine Familientradition, die schon so lange ruhte. Der Entschluss war gefasst. Sie krempelten die Hemdsärmel hoch und ein Restaurant wurde gebaut, das zukünftig den Broterwerb der Familie sichern sollte. Sie tauften es »Daheim«. Ein Name, der wie kein anderer die Erwartungen, Hoffnungen und Sehnsüchte der zukünftigen Betreiber an ihr Restaurant zum Ausdruck bringt.

Heute darf man sich freuen über das, was Ilona und Jörg Burwitz mit ihren drei Söhnen gelungen ist. Das liebevoll gestaltete Restaurant mit seinen erlesenen Fischspezialitäten ist auf der Insel längst kein Geheimtipp mehr. Und während ich diese Zeilen verfasse und an die vielen Menschen denke, denen es in der Wendezeit ganz ähnlich ging, fallen mir die Worte von Hermann Hesse ein: »Es muss das Herz bei jedem Lebensrufe | Bereit zum Abschied sein und Neubeginne, | Um sich in Tapferkeit und ohne Trauern | in andre, neue Bindungen zu geben. | Und jedem Anfang wohnt ein Zauber inne, | Der uns beschützt und der uns hilft zu leben.«

Wenn die Sonne scheint, erwartet Sie nach einem Spaziergang oder dem Besuch der Marina ein kühles Bier im Gastgarten gleich neben dem Haus.

55

Strand Glowe
Parallel zur Hauptstraße
18551 Glowe

Tourist-Info Glowe
Gemeinde Glowe
Boddenmarkt 1
18551 Glowe
038302 5221
www.glowe.de

KLAPPERSTEINE UND KARIBIKSTRAND

Strand

Haben Sie schon mal was von Klappersteinen gehört? Nicht? Kein Grund zur Sorge. Auch mir waren sie völlig unbekannt – zumindest bis ich dem Geologen Rolf Reinicke über den Weg lief. Für ihn sind diese originellen Gebilde nicht nur eine seltene geologische Kuriosität, sondern sie zählen zu seinen begehrtesten Strandfunden an der heimischen Ostseeküste. »Tatsächlich geben Klappersteine beim Schütteln ein klapperndes Geräusch von sich. Was da zu hören ist, ist ein kleiner runder Kieselschwamm, der sich in der meist kugelrunden Feuersteinhülle frei bewegt. Dieser besaß zu Lebzeiten viele kleine Fortsätze, zwischen denen sich nach seinem Tod Schreibkreide ablagerte. Darum bildete sich später die Feuersteinhülle. Die kugeligen Feuersteine werden dann aus der Schreibkreide herausgespült und von der Brandung ständig in Bewegung gehalten. Da die Ummantelung oft von kleinen Löchern durchzogen ist, wäscht das Wasser die dünne Kreideschicht zwischen Schwamm und Feuersteinhülle langsam aus. Auf diese Weise wird der Schwamm beweglich und klappert.«

Finden können Sie diese geologische Seltenheit unter anderem am Steilufer von Glowe. Bei der Suche ist jedoch viel Geduld vonnöten. Sollte der Stein feucht sein, muss das Innere erst richtig trocknen, ehe das klappernde Geräusch ertönen kann.

Wenn die Suche nach Fossilien und Feuersteinen nicht zu Ihren Lieblingsbeschäftigungen zählt, wechseln Sie einfach die Uferseite und halten Sie sich nördlich des Hafens auf. Hier erwartet Sie eine weit geschwungene Bucht, sichelförmig durchzogen von einem kilometerlangen Strand. Feinster Sand und türkisfarbenes Wasser laden zu ausgedehnten Spaziergängen ein und vermitteln fast nebenbei die perfekte Illusion, in der Karibik zu verweilen. Nur die Temperaturen erinnern die meiste Zeit im Jahr daran, dass dem leider nicht so ist.

Hinter dem Strand erhebt sich eine Hochwasserschutzdüne, die von einem malerischen Radweg durchzogen ist, der Sie hinauf bis nach Juliusruh führt.

56

Kap Arkona
Startpunkt: Parkplatz
Putgarten
18556 Putgarten

Tourismusgesellschaft mbH Kap Arkona
Am Parkplatz 1
18556 Putgarten
038391 13037
www.kap-arkona.de

DEM LEUCHTTURMWÄRTER SEI DANK

Kap Arkona

Die letzte Aprilwoche 1958 am Kap Arkona war stürmisch und sehr regnerisch. Woher ich das weiß? Von meinem Vater. Zu dieser Zeit hockte er mit einer Funkstation in einem Erdloch an der Steilküste. Er sollte die Funkverbindung zwischen den Küstenschutzbooten, die auf offener See Schießscheiben hinter sich herzogen, und der Artilleriebatterie im Hinterland, die darauf schoss, aufrechterhalten. Eine Regenplane über dem Kopf bot vor Wind und Wetter notdürftig Schutz. Notdürftig war auch die Verpflegung.

Doch zum Glück lebte in jener Zeit noch ein Leuchtturmwärter am Kap, der meinen Vater mit Butterstullen und heißem Tee versorgte. Der Mann wohnte mit seiner Familie in einem Haus neben den beiden Leuchttürmen. Der ältere der beiden Türme wird »Schinkelturm« genannt, weil er vermutlich nach Entwürfen des Baumeisters Karl Friedrich Schinkel im Jahre 1826 erbaut wurde. Dessen erster Betreuer war der königlich-preußische Leuchtturmwärter Eduard Schilling: kauziger Kerl, raue Schale, großes Herz und Lebensretter – so wurde das Rügener Original beschrieben, das zahlreichen Schiffbrüchigen das Leben rettete. Obendrein bewirtschaftete Schilling mit seiner Frau und den Söhnen etwas Land und unterhielt eine kleine Gastwirtschaft. In ihr sollen unter anderen Theodor Fontane, Karl Friedrich Schinkel, Johannes Brahms, Caspar David Friedrich, Gerhart Hauptmann und Otto von Bismarck zu Gast gewesen sein.

Im Jahr 1902 übernahm ein neuer, 35 Meter hoher Leuchtturm mit 22 Seemeilen Sichtweite den Dienst. Heute, mehr als hundert Jahre später, macht ein vollautomatisches Orientierungslicht eine Betreuung vor Ort überflüssig. Schade, findet mein Vater in einem Anflug von Sentimentalität. Denn auch er hat dem Leuchtturmwärter vom Kap Arkona etwas zu verdanken.

Im Rahmen des Kultursommers werden im ehemaligen Leuchtturmwärtergarten hinter den Leuchttürmen unter freiem Himmel Theaterstücke aufgeführt.

57

Kranichfahrten zum Großen Jasmunder Bodden
Startpunkt: Hafen Breege
Boddenweg
18556 Breege

Reederei Kipp
Büro Stralsund
Fährstraße 16
18439 Stralsund
038391 12306
www.reederei-kipp.de

DIE VÖGEL DES GLÜCKS

Kranichfahrt zum Großen Jasmunder Bodden

Langsam färbt sich der Himmel im Westen rot. Ein wunderbarer Sonnenuntergang. Doch niemand hier an Bord interessiert sich dafür. Die gesamte Aufmerksamkeit gilt den Kranichen, genauer gesagt ihren Schlafplätzen im Großen Jasmunder Bodden, die wir vom Hafen Breege aus ansteuern. Bewaffnet mit Ferngläsern und Fotoapparaten erwarten die Amateurvogelbeobachter die Ankunft der Tiere.

Leise erklärt der Ranger das grandiose Naturschauspiel: »Die Kraniche, die zuerst die Insel erreichen, suchen langsam das Flachwasser auf. Die Vögel, die sich anschließend dem Schlafplatz nähern, steuern gleich die Sandbank an. Ein Blick durch den Sucher der Kamera verrät, dass das Besetzen der Schlafplätze nicht ohne System geschieht. Kraniche, die an den Rändern der Sandbank gelandet sind, bewegen sich in Richtung Zentrum. Neue Kranichtrupps gehen jeweils an der linken und rechten Außenkante nieder. Erst wenn die komplette Länge des Flachwasserbereichs das erste Mal ausgeschöpft wurde, landen die nachfolgenden Kraniche an einer beliebigen Stelle der Schlafgemeinschaft. Doch auch jetzt bleiben sie nach der Landung nicht stehen, sondern gehen weiter, bis jeder Kranich seinen Platz im Flachwasser eingenommen hat. Acht bis zehn Reihen, jeweils circa 300 Meter lang, haben auf der Sandbank Platz.«

Am Ende werden fast 10.500 Kraniche einen Schlafplatz gefunden haben. Nach zwei Stunden befindet sich unser Schiff wieder auf Heimatkurs. Unter Deck wird eine Diashow gezeigt. Beeindruckende Kranichporträts und eindrucksvolle Bewegungsstudien. Dank der Aufnahmen erleben wir die Vögel des Glücks, wie die Chinesen sie respektvoll nennen, noch einmal aus nächster Nähe. Und während wir ihre Schönheit betrachten, verhallen ihre Rufe hinter uns in der Ferne.

Kranichtouren werden ab Breege von der Reederei Kipp und ab Schaprode von der Reederei Hiddensee (www.reederei-hiddensee.de) angeboten. Es empfiehlt sich, die Tickets vorzubestellen.

58

Störtebeker Festspiele
Am Bodden 100
18528 Ralswiek
03838 31100
stoertebeker.de

DER RUF DER PIRATEN

Störtebeker-Festspiele

Wenn Historiker Eberhard Kaufmann in seinen Vorträgen über die verlorenen Schätze Klaus Störtebekers sinniert, wird es spannend. Nach vielen Jahren der Recherche und Auswertung zahlreicher Quellen ist er sich sicher, dass der legendäre Schatz des Piraten im schlammigen Grund des Ralswieker Hafenbeckens liegt. Denn Störtebeker verbrachte manchen Winter in diesem geschützten Naturhafen mit Zugang zur Ostsee. Andere Hobbyschatzsucher verweisen auf die Stubnitz, auf die vielfach erwähnten unterirdischen Höhlen in den Kreidefelsen. Die waren so groß, dass ganze Schiffe vor den Augen der Häscher plötzlich darin verschwanden. Noch heute sollen dort sagenhafte Schätze auf ihre Entdeckung warten.

Aber wer war der wilde Klaus Störtebeker? Er wurde als Sohn eines Bauern in Ruschvitz auf Rügen geboren und soll ungeheure Kräfte besessen haben. Der Sage nach verbog er Hufeisen und rollte eine Zinnschüssel auf. Als rauer Geselle wird Störtebeker beschrieben, aber auch als großzügig gegenüber armen Fischern und Bauern. So soll er mehrfach Goldmünzen an Bedürftige verschenkt haben. Einmal forderte er angeblich einen mittellosen Alten und dessen Frau auf, aus einer Uferschlucht beim Königsstuhl den Hauptmast eines Schiffes zu bergen und nach Hause zu bringen. Beim Zersägen des Holzes stellten sie erstaunt fest, dass der Mast randvoll mit Golddukaten gefüllt war. Bis heute ziehen die Geschichten um Klaus Störtebeker jedes Jahr Tausende von Besuchern in ihren Bann. Auf der Naturbühne in Ralswiek, direkt am Jasmunder Bodden, erleben begeisterte Zuschauer ein farbenprächtiges Schauspiel, in dem es um Ehre, Freundschaft, Freiheit und Gerechtigkeit geht. Und wenn Sie beim abschließenden Feuerwerk genau hinschauen, können Sie die Golddukaten unter der Wasseroberfläche blitzen sehen.

Nutzen Sie die öffentlichen Buszubringer für eine entspannte An- und Rückreise. Den Bus können Sie beim Erwerb Ihrer Eintrittskarten gleich mitbuchen.

59

Erlebnis-Bauernhof Kliewe
Mursewiek 1
18569 Ummanz
038305 530010
www.bauernhof-kliewe.de

DAS GLÜCK AUF DEM RÜCKEN DER PFERDE

Erlebnis-Bauernhof Kliewe

»Ein Pferd! Ein Pferd! Mein Königreich für ein Pferd!« Diese Worte rief Richard III. aus und er hatte berechtigte Hoffnungen, eines zu erhalten, denn er bot ja ein Königreich zum Tausch an. Meine Freundin Amanda tat sich hingegen zunächst sehr schwer, ein Pferd zu beschaffen, als ihre achtjährige Tochter Bea nach einigen Urlaubstagen am Strand plötzlich feststellte, wie sehr sie ihr zu Hause gelassenes Pony Toni vermisste. Aber Gott sei Dank fiel uns der »Erlebnistag Pferd« auf dem Bauernhof Kliewe ein. Wunderschön am Bodden gelegen, vermittelt das Anwesen genau das, was der Großstädter unter ländlicher Idylle versteht. Enten und Gänse, Obstbäume und Blumenbeete und ein Streichelzoo, in dem man Tieren ganz nah kommen darf. Wo gibt's das in der Stadt? Fasziniert betrachtete Bea die kleinen Schweinchen, hielt respektvoll Abstand von den Ziegen und streichelte im Vorbeigehen einem Esel über das zottige Fell. Doch sie wollte keine Zeit verlieren, denn auf dem Reitplatz erwartete sie ein Pony. Ihr Pony für diesen Tag. Klara hieß es, war vollmilchbraun mit heller Mähne und Blesse. Neben dem Reiten standen das Striegeln der Pferde und kleine Geschicklichkeitswettbewerbe auf dem Programm. Bea war begeistert. Ihr war alles recht – Hauptsache, es hatte mit Pferden zu tun.

Währenddessen schauten wir im Hofladen vorbei und probierten regionale Spezialitäten aus eigener Herstellung. Anschließend machten wir es uns bei frischem Blechkuchen auf der Sonnenterrasse gemütlich. Kauend stellten wir fest, dass Richard III. am Ende trotz Königreich kein Pferd erhalten hatte. Bea dafür bekam Klara und wenn ich gewollt hätte, ich hätte sogar gleich mehrere Pferde haben können. Denn hinter dem Haus stand ein Traktor bereit zum Probefahren. Der hatte sicher 100 Pferdestärken.

Urlaub auf dem Bauernhof. Hier ist er in acht wunderschönen und exklusiven Ferienwohnungen möglich! Streichelzoo, Landleben und Natur gibt's obendrauf.

60

Ostsee-Flug-Rügen GmbH
Flugplatz Güttin
18573 Güttin
038306 1289
www.flugplatz-ruegen.de

Rügen-Helikopter
(April–Oktober)
Flugplatz: Fährhafen Sassnitz-Mukran
Wostevitzer Weg 8
18528 Lietzow
0170 1000 330
www.ruegen-helikopter.de

FREI WIE EIN VOGEL

Insel-Rundflüge

Wir sind auf dem Weg nach Güttin zum Flugplatz. Der Tag ist noch jung und der Himmel wolkenverhangen. Aber wie sagt man hier oben so schön, das Wetter ändert sich um 11 Uhr und um 15 Uhr. Auch heute können wir uns darauf verlassen.

Bei strahlendem Sonnenschein begrüßt uns der Pilot auf dem Rollfeld. Eine Cessna 210 erwartet uns, den Propeller in Richtung Süden ausgerichtet. Wir klettern an Bord und wählen die für uns besten Plätze aus. Die restlichen drei Sitze bleiben diesmal leer. Die Motoren brüllen auf, rasch gewinnt die kleine Maschine an Höhe. Wir haben uns den Flug *Rund um Rügen* ausgesucht, der 60 Minuten dauern wird. Als erstes Highlight taucht die alte Hansestadt Stralsund unter uns auf. Deutlich kann man die Insellage des Stadtzentrums und die ehemaligen Befestigungsanlagen erkennen.

Danach fliegen wir gen Norden die Küstenlinie von Hiddensee entlang, bis uns der Leuchtturm am Dornbusch begrüßt. Wenig später schiebt sich unter uns das Kap Arkona ins Meer. Hinter einem Streifen Küstenwald leuchtet eine Vielzahl quadratisch gelber Rapsfelder. An den Kreidefelsen wird es majestätisch schön. Allem voran der Königsstuhl und die Victoria-Sicht. Es ist ein wunderbarer Anblick und wir sind noch ganz davon eingenommen, als wir Sassnitz und den Fährhafen von Neu-Mukran passieren. Kurz darauf taucht der Koloss von Rügen vor uns auf. Selbst aus der Luft sind die Ausmaße des Gebäudekomplexes riesig, einschüchternd und beklemmend. Danach erwartet uns das Ostseebad Binz mit dem Kurhaus, der Seebrücke und den Jugendstilvillen, die sich wie Perlen an einer Kette aufreihen. Es folgen die anderen Ostseebäder: Sellin (mit der bekannten Seebrücke), Baabe und Göhren mit dem Nordperd. Während des Rückflugs streifen wir die Insel Vilm und überfliegen Circus und Park in Putbus, um wenig später wieder zu landen.

Auch mit dem Helikopter sind solche Rundflüge möglich. Wenden Sie sich dazu an Rügen-Helikopter in Sassnitz.

61

Hafen und Strand Neuendorf
18565 Insel Hiddensee

Hiddenseer Hafen- und Kurbetrieb
Norderende 162
18565 Insel Hiddensee
038300 64210
www.seebad-hiddensee.de

ZU GAST BEI DEN SÜDERN

Vom Fährhafen zum Strand

Es ist Anfang Oktober. Ich stehe an der Reling und halte Ausschau nach »Dat söte Länneken«, wie die Einheimischen die Insel Hiddensee liebevoll nennen. Hier möchten wir einige Urlaubstage verbringen. Während die Fähre festmacht, entdecken wir unsere Vermieterin. Sie führt einen Bollerwagen mit sich, da Hiddensee autofrei ist. Unser Koffer findet ausreichend Platz. Wir verlassen den Hafen und wenden uns dem Deich zu.

»Von wo kommen Sie?«

»Aus Binz«, sage ich und erwarte eine Reaktion wie: »Ach so, Binz!«

Stattdessen bleibt die Dame abrupt stehen. »Binz? Da haben Sie aber eine Menge Hektik und Lärm hinter sich. Na, da können Sie sich hier bei uns aber mal richtig ausruhen.«

Zuerst glaube ich, sie nimmt mich auf den Arm. Aber in ihrem Gesicht entdecke ich keine Spur von Ironie. Eher Mitgefühl. Gut, dass wir ihr nicht gesagt haben, dass wir aus Wien hierher gezogen sind …

Die Ferienwohnung liegt gleich hinter dem Deich. Die Beschreibung des Reiseliteraten Paul Schneider von 1920 trifft auch noch heute zu: »Da gibt es keine staubige Landstraße und kein Aneinanderdrängen der Häuser. Jedes steht für sich allein, durch einen weiten Zwischenraum von den Nachbarn getrennt. Alle sind rings umgeben von saftiger Wiese, sodass der Fuß wie auf grünem Samt dahingeht.«

Wenig später sind wir im Besitz von zwei Fahrrädern und radeln sofort los. Am Leuchtturm Gellen lassen wir sie stehen. Eine meditative Ruhe umhüllt uns. Nur hier und da hören wir leise Rufe von Graugänsen, die ihren Ruheplatz für die Nacht einnehmen. Am Strand sind wir dann ganz allein. Die Strahlen der untergehenden Sonne streicheln über die Buhnenköpfe, die in endlosen Reihen aus der glatten See ragen.

Lange sitzen wir da. Erst der kühle Abendwind erinnert uns daran, dass morgen auch noch ein Tag ist. Die Graugänse schlafen bereits, als wir im Schein der Fahrradlampen heimwärts radeln.

Wenn Sie es einrichten können, besuchen Sie Hiddensee im September. Dann blüht zwischen Neuendorf und Vitte die Heide wunderbar rotviolett.

62

Gerhart-Hauptmann-Haus
Kirchweg 13
18565 Kloster
038300 397
www.hauptmannhaus.de

EIN LITERATURNOBELPREIS FÜR HIDDENSEE

Gerhart-Hauptmann-Haus

1924 weilte Thomas Mann mit seiner Familie auf Einladung von Gerhart Hauptmann auf Hiddensee. Gemeinsam hatten sie Quartier im Haus am Meer in Kloster bezogen. Es ist überliefert, dass Thomas Mann einen Monat später genervt das Eiland wieder verließ. »Zwei Giganten verträgt die Insel nicht«, soll er zum Abschied verkündet haben. Vielleicht lag es ja an der Größe der Insel?

Jedenfalls tat das Zerwürfnis mit Thomas Mann Hauptmanns Begeisterung für Hiddensee keinen Abbruch. Er hatte schon 1885 im damals einzigen kleinen Gasthäuschen in Kloster festgestellt, dass Hiddensee von nun an untrennbar mit seinem Schicksal verflochten sei. Zunächst wohnte er im Gasthaus Freese und in der Pension Nehls in Vitte, auf der Lietzenburg und im besagten Haus am Meer. 1930 erwarb er das Haus Seedorn, das heutige Gerhart-Hauptmann-Haus, als ständiges Domizil. Ihn verband eine ganz persönliche Liebe und Faszination mit Hiddensee, die sich auch in Ansätzen oder ganz unmittelbar in seinen Dichtungen und Dramen widerspiegelt. Nachzulesen beispielsweise in den Gedichten *Die Insel* und *Wiegenlied* oder im Drama *Gabriel Schillings Flucht.*

Am 27. Juli 1946 kehrte der große deutsche Dichter und Dramatiker Gerhart Hauptmann zum letzten Mal auf die Insel zurück: Er wurde seinem Wunsch entsprechend am 28. Juli, in der Stunde des Sonnenaufgangs, auf dem Friedhof von Kloster zur letzten Ruhe gebettet. Die Villa Seedorn ist heute ein Museum und erinnert mit Texten, Erstausgaben, Theaterprogrammen und Fotos an das Wirken und Schaffen Hauptmanns. Noch heute herrscht in den Räumen, vor allem im Kreuzgang sowie in Wohn- und Arbeitszimmer, eine anregende Atmosphäre, die dem Besucher etwas von dem Geist vermittelt, der sich hier erholte und über die Jahrzehnte schöpferisch tätig war.

Erleben Sie das Gerhart-Hauptmann-Haus während einer Lesung oder eines Kammerkonzerts. Kinder lädt ein jährlicher Literaturwettbewerb zum Schreiben ein.

63

Heimatmuseum Hiddensee
Kirchweg 1
18565 Kloster
038300 363
www.heimatmuseum-hiddensee.de

DER GOLDSCHATZ DES DÄNENKÖNIGS

Heimatmuseum Hiddensee

Vorbei am großen Anker, der den Vorplatz ziert, betreten wir das Heimatmuseum von Hiddensee. Hier wollen wir mehr über den berühmten Goldschmuck erfahren, von dem die Fischersfrau Striesow am 14. November 1872, dem Tag nach der großen Sturmflut, in Neuendorf auf der Sanddüne das erste Stück fand. Die Frau nahm den Fund mit nach Hause, wo der Sohn das blinkende Metall als Gold erkannte. Daraufhin grub man an der Düne eifrig weiter und förderte weitere sechs Stücke zu Tage. Doch damit nicht genug. Eine zweite Sturmflut am 8. Februar 1874 brachte weitere Stücke ans Tageslicht. So weit die Version der Finder.

Glücklicherweise erfuhr Rudolf Baier, Museumsdirektor des Provinzialmuseums, davon, und es gelang ihm, alle Stücke zum reinen Goldwert anzukaufen. Auffällig war, dass alle Teile, trotz direkten Kontakts mit Dünensand und Meeresbrandung, überaus gut erhalten waren. Kunsthistorisch ist der Goldschatz eine Sensation und wird dem Dänenkönig Harald Blauzahn zugeordnet. Dessen Übertritt zum Christentum im Jahre 969 spiegelt sich bei den gefundenen Kettenanhängern und Amuletten in der Verschmelzung heidnischer und christlicher Symbole wider.

Heute sind die Internetforen voll mit Vermutungen, wie der Hiddenseeschatz gefunden wurde, von wem er stammt, ob Ortsnamen im germanischen Totenbuch den heutigen geografischen Bezeichnungen der Fundorte entsprechen und vieles mehr. Ich persönlich favorisiere die Theorien, die davon ausgehen, dass der Schmuck wirklich nach der verheerenden Sturmflut 1872 gefunden wurde. Vermutlich steckte er in einem Gefäß, was seinen überaus guten Zustand erklären würde. Und als die Finder schließlich den Wert der Fundstücke erkannten, wurde ihr Verkauf beschlossen, um den von der Sturmflut betroffenen Familien zu einer neuen Existenzgrundlage zu verhelfen.

Nachbildungen des Schatzes können Sie als Schmuckstück vielerorts kaufen. Achtung, die Preise variieren je nach Goldgehalt, Größe und Anbieter erheblich.

USEDOM

Claudia Pautz

64

Seebrücke Ahlbeck
Dünenstraße 37
17419 Seebad Ahlbeck
038378 28320
www.seebruecke-ahlbeck.de

SEHEN UND GESEHEN WERDEN

Seebrücke Ahlbeck

Sie ist schon eine imposante Erscheinung, wie sie da steht, so elegant in den blauen Ostseewellen. Es gibt niemanden, der ihrer Anziehungskraft widerstehen kann. Und nahezu jeder, der jemals auf Usedom war, hat ein Foto von ihr. Dabei ist die alte Dame schon weit über 100 Jahre alt und hat so manchen Sturm überstanden.

Es war um 1882, als den Ahlbeckern die Idee kam, eine Aussichtsplattform in die Ostsee zu bauen. Chic sollte sie sein. Nicht einfach nur eine Plattform, nein, eine Flaniermeile mit Restaurant einerseits und Veranstaltungsbühne andererseits. Kaum stand das Bauwerk, wurde es auch schon zum Ausflugsziel Nummer eins im aufblühenden Seebad. Wer etwas auf sich hielt, flanierte im feinsten Zwirn über die damals noch hölzernen Planken, nickte hochherrschaftliche Grüße in die Umgebung, lauschte Kurkonzerten und ließ dabei den Blick über die Ostseewellen schweifen. Geldadel und Schauspieler, Intellektuelle und Künstler traf man hier genauso wie die alten Ahlbecker Familien. Und daran hat sich bis heute nichts geändert, außer der Mode vielleicht.

Irgendwann verband man Restaurant und Bühne miteinander und gab der Seebrücke ihr heutiges Aussehen. Jedenfalls fast! Denn während der DDR-Zeit fristete die alte Dame ein eher eintöniges Dasein. Wände braun, Dach braun, Türme braun. Einzig die Hinterlassenschaften der Möwen durchbrachen das düstere Kapitel auf natürliche Weise. Dann kam Loriot. Er beschloss Anfang der 1990er-Jahre, das Ende seiner Komödie *Pappa Ante Portas* hier zu drehen. Prompt bekam die Seebrücke ihren ursprünglichen Anstrich zurück, weiß mit rotem Dach und grünen Türmen. Die ganze Insel atmete auf und präsentierte sie wieder voller Stolz als ihr Wahrzeichen.

Gehen Sie auf ein Bier oder zwei in die Kogge. Hier treffen Sie in uriger Atmosphäre schon mal auf echte Inselurgesteine und können mit etwas Glück den alten Geschichten lauschen.

65

Zirowberg
Startpunkt: Am Zirowberg
17419 Seebad Ahlbeck

UNGEAHNTE AUSSICHTEN

Zirowberg

Wussten Sie, dass jedes der drei Kaiserbäder seinen eigenen Berg hat? Jedenfalls soweit man von Bergen direkt am Meer überhaupt sprechen kann. Bansin hat den Langenberg als höchsten Punkt seiner Steilküste, Heringsdorf den Kulm und Ahlbeck hat den Zirowberg. Die ersten beiden sind heute den meisten Usedom-Urlaubern ein Begriff. So mancher hat sich schon zu Fuß oder mit dem Fahrrad auf den Langenberg gequält und neben der Aussicht auf den Strand und die Ostsee auch das gute Essen im Forsthaus genossen. Der Kulm ist das Herz Heringsdorfs. Auf ihm thront die Kirche im Walde, drum herum mit den ältesten Bädervillen der Ursprung des hochherrschaftlichen Seebades. Der Zirowberg aber fristet ein größtenteils unbekanntes Dasein. Dabei gab es hier einst sogar ein Ausflugslokal, wie alte Postkarten beweisen.

60 Meter ragt der mit Buchen bewaldete Zirowberg hinter dem Bahnhof in Ahlbeck in die Höhe. Ein Wanderweg führt zum höchsten Punkt hinauf und der hat es in sich. Kurz und steil und für gehbehinderte Menschen und Rollstuhlfahrer keinesfalls zu empfehlen. Wer den Anstieg auf sich nimmt, wird oben mit einem atemberaubenden Blick auf Ahlbeck und die Swinemünder Bucht belohnt. Ein hölzerner Aussichtsturm verbessert die Sicht ungemein. Außerdem laden zwei Rastplätze zum Verweilen ein. Günstig ist es, den Zirowberg am Nachmittag zu besteigen, wenn die Sonne im Süden steht. Dann spenden die alten Buchen Schatten und Ahlbeck und die Ostsee werden zum schönsten Fotomotiv.

Für passionierte Wanderer ist der Zirowberg nur die erste Etappe auf dem Weg zum Wolgastsee in Korswandt und weiter zum Schwarzen Herzen, einem idyllisch mitten im Wald zu Polen gelegenen kleinen See. Im Herbst wird der Zirowberg gern von Pilzsammlern besucht.

Etwa 500 Meter vom Zirowberg entfernt liegt an einem Hang unter riesigen Kiefern der Ahlbecker Waldfriedhof.

66

Uwes Fischerhütte
Strandpromenade 12
17419 Seebad Ahlbeck
038378 28199
www.uwes-
fischerhuette.de

SECHS GENERATIONEN SALZWASSER IM BLUT

Uwes Fischerhütte

Nirgendwo auf Usedom ist der Kontrast zwischen dem leichten Leben der Sommerfrischler um 1900 und der harten Arbeit der Fischer damals so deutlich wie an der Promenade in Ahlbeck. Einerseits beeindrucken die Gründerzeitvillen, die lange ein trauriges Dasein fristeten und denen mit der Wende neues Leben und neuer Glanz eingehaucht wurde, und andererseits stehen teilweise noch schiefe Fischerkaten in den Dünen und erinnern an die Tradition, bei Wind und Wetter zum Fischen hinaus auf die See zu fahren. Hier ist unbestritten eine von Usedoms ursprünglichen Seiten. Denn hier nahm das Badewesen seinen Anfang.

So wenige Boote heute noch an den Stränden liegen, so wenige Fischer gibt es, die noch selbst hinausfahren. Uwe Krüger ist einer von ihnen und er ist mit Haut und Haaren das, was man einen Strandfischer nennt. In der sechsten Generation fischt seine Familie und man möchte beten, dass es nicht die letzte sein wird. Doch der findige Ahlbecker trotzt Fangquoten und Großunternehmen und macht sein Erbe zum Erlebnis. In Uwes Fischerhütte, seinem kleinen Restaurant in den Dünen unweit der Ahlbecker Seebrücke in Richtung Heringsdorf, verkauft er den Fisch, der morgens noch in der Ostsee schwamm. Die kulinarische Tradition gibt es gleich dazu. Denn hier werden pommersche Fischgerichte serviert, wie unsereins sie noch von Großmuttern kennt. Der Räucherofen steht gleich nebenan, der Kutter liegt hinter der Düne und wer früh genug auf den Beinen ist, kann Uwe und seinen Männern am Strand beim Heringepulen zusehen. Und ehe man sich's versieht, hat Uwe einen ins Gespräch verwickelt und man steht mit hochgekrempelten Ärmeln selbst am Kutter und pult sein eigenes Mittagessen aus den Netzen.

Holen Sie sich ein Fischbrötchen in *Uwes Fischhalle* und nehmen Sie Platz im alten Kahn auf der Düne. Schöner kann man Usedom nicht genießen.

67

Seebrücke Heringsdorf
Strandpromenade 1
17424 Seebad Heringsdorf

Touristinformation Seeheilbad Heringsdorf
Delbrückstraße 69
17424 Seebad Heringsdorf
038378 2450
www.kaiserbaeder-auf-usedom.de

FLANIEREN ÜBER DEN OSTSEEWELLEN

Seebrücke

Stolze 508 Meter ragt die Seebrücke Heringsdorf in die Ostsee hinein und ist damit eine der längsten Seebrücken Kontinentaleuropas. Das moderne Bauwerk mit den vielen Spitzen und der Pyramide auf dem Brückenkopf erinnert an die Kaiser-Wilhelm-Brücke, die einst an gleicher Stelle stand und in den 1950er-Jahren dem Feuerteufel zum Opfer fiel. Sie war das Herzstück des mondänen Kaiserbades, Ziel der Flanierenden und Teil eines außergewöhnlichen Ensembles aus Konzertmuschel, Strandcasino, Rosengarten, Familienbad und eben Seebrücke. Heute erinnern nur noch die Überreste der hölzernen Konstruktion, die aus dem Wasser ragen, an diese Zeit.

Und dennoch, was die alte Seebrücke vermochte, kann auch die neue. Sie gab Heringsdorf nach ihrem Bau Mitte der 1990er-Jahre sein Zentrum zurück und bietet eine Vielzahl an Ladengeschäften, Restaurants und vor allem eine bemerkenswert schöne Flaniermeile über den Ostseewellen. Der Blick auf die Swinemünder Bucht ist atemberaubend. Der weiße Sandstrand schlängelt sich bis zur Mole der polnischen Hafenstadt und verschwindet irgendwo unter deren Skyline. Schon Lyonel Feininger war angetan von diesem Ausblick und der besonderen Atmosphäre auf der damals noch alten Seebrücke. Er hielt beides in Skizzen fest, die er während seiner Sommerurlaube auf Usedom anfertigte und die ihm später nach seiner Auswanderung nach Amerika als Vorlage für viele typische Feininger-Werke dienten.

Wer bis zum Brückenkopf hinausläuft, und das sei wärmstens empfohlen, kann in entgegengesetzter Richtung bei klarem Wetter bis zum Langen Berg hinter Bansin sehen. In der Pyramide hier auf dem Brückenkopf befindet sich ein Restaurant. Noch ein paar Meter weiter machen die Adlerschiffe fest und laden zu Ausflugsfahrten nach Swinemünde, Misdroy, entlang der Küste Usedoms und nach Rügen ein.

Stehen Sie auf, wenn Heringsdorf noch schläft, und erleben Sie den Sonnenaufgang von der Seebrücke aus.

68

Baumwipfelpfad Usedom
Am Bahnhof 12
17424 Seebad Heringsdorf
038378 48820
baumwipfelpfade.de/
usedom

Bahnhof Seebad Heringsdorf
Am Bahnhof 1
17424 Seebad Heringsdorf
038378 27134
www.ubb-online.de

MIT BAUMKRONEN AUF AUGENHÖHE

Baumwipfelpfad Usedom

Wer geglaubt hat, Usedom schon in all seiner Schönheit gesehen und bestaunt zu haben, dem wurde 2021 ein weiterer sehr überzeugender Grund gegeben, das Eiland zu besuchen. Zwischen den Kronen der uralten Buchen und Kiefern unweit des Bahnhofs in Heringsdorf schlängelt sich seitdem ein barrierefreier Baumwipfelpfad in schwindelerregende Höhen. Lange Jahre fristete der Wald um den Präsidentenberg ein stilles Dasein. Nun ist an der Stelle, an der einst die Bismarck-Warte stand, Leben eingezogen. Der unbestrittene Höhepunkt des 1.350 Meter langen Pfades ist der Aussichtsturm auf dem Berg. Auf dessen Spitze befinden man sich mit 75 Meter über dem Meeresspiegel am höchsten Punkt Usedoms und kann über das Panorama nur staunen. Wie schön diese Insel ist! Hinüber zum Stettiner Haff, entlang der zerklüfteten Ufer des Achterwassers, über die Seebäder hinweg bis nach Rügen reicht der Fernblick bei klarem Wetter. Und wem bei diesen Ansichten das Herz noch nicht hoch genug schlägt, der kann seine Füße auf das begehbare Netz in der Mitte der höchsten Plattform stellen und schwebend Usedoms Weite genießen. Schwindelfreiheit vorausgesetzt.

Schon der Weg zum Aussichtsturm ist purer Genuss. Langsam erhebt sich die hölzerne Konstruktion bis in die Baumkronen. Der Pfad ist breit und auch für Rollstühle und Kinderwagen gut geeignet. Maximal sechs Prozent beträgt die Steigung. Lern- und Erlebnisstationen, Mutproben und Ratespiele sorgen für neue Eindrücke und Kurzweile schon bei den Jüngsten. Das ganze Jahr über ist der Baumwipfelpfad geöffnet und macht Usedoms Schönheit im Wechsel der Jahreszeiten noch faszinierender. Und eines ist sicher: Wer einmal den Weg hinauf zum höchsten Punkt erklommen hat, wird zurückkehren und die Insel aus dieser einmaligen Perspektive immer wieder neu entdecken.

Direkt am Eingang zum Baumwipfelpfad befindet sich der Bahnhof von Heringsdorf. Einst endete hier die Bahnstrecke nach Usedom. Er ist einer der kleinsten Kopfbahnhöfe Deutschlands.

69

Strandhotel Ostseeblick
Kulmstraße 28
17424 Seebad Heringsdorf
038378 540
www.strandhotel-ostseeblick.de

AUSBLICK MIT FEINSTEM GESCHMACK

Terrasse des Strandhotels *Ostseeblick*

Gegenüber dem Feininger-Blick, dort, wo sich an der Promenade von Heringsdorf der Kulm erhebt, fällt einem unweigerlich das Strandhotel Ostseeblick ins Auge. Mit seinen übereinanderliegenden Rondellen bildet das familiengeführte Haus eine architektonische Ausnahme inmitten der Gründerzeitvillen. Von der Promenade aus führt eine lange Treppe bis hinauf zur Terrasse und auch wenn Treppen vor Restaurants ungern gestiegen werden, hier lohnt es sich allemal. Denn was der Name des Hauses verspricht, erweist sich oben als Belohnung für die Mühe. Der Ostseeblick ist beeindruckend schön, die Promenade und der Rosengarten zeigen von hier aus ihre landschaftsbaulichen Raffinessen und die Seebrücke bildet einen wunderbaren Kontrast zwischen den Überresten der Kaiser-Wilhelm-Brücke und den geschwungenen Hügeln und Wäldern der Insel Wollin. Allein der graue Anbau des Hotels Kaiserhof könnte diesem Anblick erspart bleiben. Mit etwas Geschick blendet man ihn einfach aus.

Nehmen Sie sich Zeit, hier zu verweilen. Auf der Terrasse selbst oder der danebenliegenden Wiese ist Platz, den Ausblick in vollen Zügen zu genießen. Die Mitarbeiter des Hauses servieren Ihnen dazu gern Kaffeespezialitäten, Kuchen oder ein Gericht aus der Küche von Arjan Mensies. Der sympathische Holländer kocht seit 2007 im hauseigenen Gourmetrestaurant Bernstein, das sich in einem der Rondelle befindet. Seine Küche ist experimentell und gleichermaßen überzeugend. Hier wird Essen zum Erlebnis. Der Service ist herzlich und weiß mit interessanten Geschichten zu dem, was auf dem Teller ist, die herrliche Mischung aus Geschmack und Ostseeblick zu komplettieren. Und wenn Sie später die Treppe wieder hinabgehen, wissen Sie sicher, dass es nicht das letzte Mal ist.

Machen Sie einen kleinen Spaziergang durch die Lobby des Hauses. Familie Wehrmann hat hier ein Hotel geschaffen, das mit maritimer Leichtigkeit und Licht für viele zum Zuhause am Meer geworden ist.

70

Schloonsee
Waldstraße/Bergstraße
17429 Seebad Bansin

Pension und Restaurant
Schloonidyll
Bergstraße 60a
17429 Seebad Bansin
038378 489984
www.schloon-idyll.de

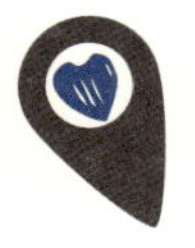

EIN SEE UND SEINE GESCHICHTEN

Schloonsee

Es heißt, Bansin hat einen ganz eigenen Charme. Das kleinste und auch jüngste der drei Kaiserbäder besticht wie seine großen Geschwister durch eine Vielzahl an Gründerzeitvillen. Nicht nur entlang der Promenade, sondern auch im Ortsinneren entdeckt jeder Blick ein neues Schmuckstück. Darüber hinaus hat das Seebad jedoch etwas, das Ahlbeck und Heringsdorf nicht zu bieten haben: einen See mitten im Ort.

Der idyllische Schloonsee ist wie alle Seen der Insel während der letzten Eiszeit entstanden. Er liegt zwischen Bundesstraße und Waldstraße, ist etwa 14 Hektar groß und um die drei Meter tief. Auf seiner befestigten Promenade am Nordufer lässt es sich gut spazieren und zwischen den Weiden auf einer der Bänke verweilen. Ein kurzer Steg führt hinaus auf den See, ein zweiter schlängelt sich am Westufer zwischen Bäumen und Schilf hindurch, genau dort, wo Schwäne und Enten brüten. Ihnen wurde sogar ein eigenes Ausflugsziel gebaut – Duck Island ist eine kleine Floßinsel, die unweit der Uferpromenade ankert. Der Schloonsee ist herrlich lebendig. Kein Wunder also, dass sich hier auch so mancher Fisch wohlfühlt und des Anglers Augen leuchten lässt. Doch man beachte die Schilder im Uferbereich und den Kauf einer Angelgenehmigung.

Der Schloonsee ist nicht nur Tierparadies, sondern hat auch literarisch schon einige Fußspuren hinterlassen. So fand er in Theodor Fontanes Roman *Effi Briest* Erwähnung. Der berühmte Schriftsteller verbrachte die zweite Hälfte seiner Kindheit in Swinemünde und war währenddessen oft in den Kaiserbädern unterwegs. Und auch Gruppe-47-Begründer Hans Werner Richter, der in Bansin aufwuchs, ließ den See in seinem Erstlingswerk *Spuren im Sand* zum Treffpunkt einer jungen Liebe werden.

Gehen Sie zum Kaffee ins *Schloonidyll* am Ende der Uferpromenade. Von hier aus haben Sie einen schönen Blick auf den See und genießen zudem die erstklassigen Torten und Kuchen.

71

Restaurant Meerzeit
Strandpromenade 25
17429 Seebad Bansin
038378 477250
www.meerzeit-usedom.de

Restaurant Meerzeit

Es ist Sonntag und der Weg die Promenade entlang ist fast menschenleer. Das Leben hat sich an den Strand zurückgezogen. Es lacht und jauchzt, wuselt und genießt, während die Sonne hochsommerlich vom Himmel brennt.

Ich gehe die wenigen Stufen zur Terrasse des Restaurants Meerzeit hinauf. Große Sonnenschirme überspannen die Tische und der Wind weht leicht aus Richtung Meer. Ich wähle eine der Lounge-Ecken, von denen ich den Blick über die Promenade und zwischen den Linden hindurch über die Ostsee genießen kann. Dieser Ort hier ist wirklich ein Geschenk, denke ich.

Leichten Schrittes nähert sich Anna mir. Sie begrüßt mich freundlich und fragt wie an jedem Sonntag: »Ein stilles Wasser für dich und eines für den Wuffi?« »Ja«, sage ich, »und einen Meerzeit-Salat bitte.« Anna lebt in Swinemünde und ist seit Jahren mit dem Restaurant verbunden. Bereits damals, als es noch ein italienisches war. Seit 2020 leitet Thomas die Geschicke hier und mit ihm zog eine neue Art Kulinarik in die Räume der schönen Villa Germania ein. Er legt Wert auf beste Zutaten, erlesene Weine und auf Zeit. Die manchmal anstrengende Lebendigkeit vieler Inselrestaurants weicht hier dem ausgiebigen Genuss. Und der zeigt sich nicht nur in dem unverschämt schönen Blick, sondern auch auf den Tellern. Gemüse und Fleisch in Bio-Qualität, feine Kräuter und Gewürze, selbst geräucherter Fisch. Alles immer frisch zubereitet. Die Speisekarte ist wohltuend überschaubar und lässt einem in Windeseile das Wasser im Mund zusammenlaufen. Außerdem gibt es wechselnde Tagesmenüs, in denen sich gern mal der Fang vom Fischer nebenan wiederfindet.

Wer Wert auf wirklich gutes Essen legt und dabei die einmalige Atmosphäre der Bansiner Promenade genießen möchte, dem sei das Restaurant Meerzeit sehr empfohlen.

Nur ein paar Meter von hier entfernt liegt der Fischerstrand von Bansin. Hinter der sogenannten Langhütte kann man den Fischern noch bei der Arbeit zusehen.

72

Langenberg
Steilküste zwischen Bansin
und Ückeritz
17429 Seebad Bansin

HOCH ÜBER DEN OSTSEEWELLEN

Langenberg an der Steilküste

Dieser Blick ist herrlich. 54 Meter über dem Meer sieht man die Schiffe nicht mehr nur auf dem Horizont gleiten, sondern mittendrin in der Ostsee fahren. Ungewohnte Perspektive für das angeblich so flache Land am Meer und wahrscheinlich genau deshalb ein beliebtes Ausflugsziel. Der Lange Berg oder Langenberg, wie wir Usedomer ihn nennen, liegt direkt an der Küste hinter Bansin in Richtung Ückeritz. Er gehört zu den höchsten Erhebungen der Insel und ist ständiger Veränderung durch Wind und Wellen ausgesetzt.

Als ich das erste Mal meinen Fuß in den Küstenwald hier setzte, damals im Wahlpflichtfach Biologie, ahnte ich nicht, dass die Insel Jahr für Jahr kleiner wird. Zumindest an dieser Stelle. Und dass es Menschen gibt, die genau das beobachten und aufzeichnen und uns so deutlich machen, was hier über die Zeit wirklich geschieht. Ich stand damals auf dem Langenberg, krallte mich an die Absperrung – die Höhe flößt so einem Inselkind wie mir erst mal Respekt ein – und konzentrierte mich auf die Worte von Harald Heinz. Mein Biologielehrer zeigte mit dem Finger auf einen großen Stein, der unten im Wasser lag. »Das ist der Wappenstein von Bansin«, sagte er, »1908 lag er noch im Kliff unter uns.« Kurz darauf erfuhr ich, dass niemand den Stein dorthin getragen hatte, sondern dass es der stetige Wind und die Stürme waren, die die Steilküste abgetragen haben. Ich begriff, dass dort, wo der Wappenstein lag, um 1900 also noch Land war. Heute sind es etwa 60 Meter zwischen Kliffkante und Stein.

Sieht man sich die Steilküste um den Langenberg vom Strand aus an, fallen einem die schiefen Bäume am Hang auf. Und wer des Öfteren hier ist, wird merken, dass sie von Mal zu Mal ein Stück tiefer gerutscht sind. Auch das ist ein Zeichen für die Veränderung hier.

Nutzen Sie die Treppe, die unweit des Berges an den Strand führt, und spazieren Sie an der Kliffkante entlang in Richtung Ückeritz. Die Steilküste wirkt majestätisch von hier aus.

78

Badestelle Pudagla
Erreichbar über die Schlossstraße und die Lindenstraße bis ans Achterwasser
17429 Pudagla

WO EINST MÖNCHE IHRE FÜSSE BADETEN

Badestelle Pudagla

Was ich bis heute an Usedom liebe, ist seine Vielfalt. Ich kann in nur zehn Minuten dem Trubel der Seebäder entkommen und eintauchen in die Ruhe und Schönheit des Achterlandes. Einer dieser Rückzugsorte ist für mich die Badestelle am Achterwasser bei Pudagla. Die Stille hier ist herrlich nach einem lebendigen Tag zwischen Urlauberscharen und Verkehrschaos. Einfach nur sitzen und zuschauen, wie die Sonne langsam untergeht und das Eiland in ein wunderbar warmes Licht taucht. Einen Stein ins Wasser werfen und den Kreisen zusehen, bis sie wieder verschwinden.

Manchmal frage ich mich in diesen Momenten, ob es hier immer so ruhig war. Denn man glaubt es kaum, aber Pudagla war einst das Verwaltungszentrum der Insel. Irgendwann vor 600 oder 700 Jahren. Ein kleines Königreich geführt von Mönchen. Das reichste Kloster der Region. Man regierte autark, hatte Ländereien und vergab Fischereirechte, nahm Zölle ein und betrieb Viehzucht. Damals entstand auch der Klosterdamm, die Straße, die es noch heute zwischen Pudagla und der Kreuzung Schmollensee gibt. Irgendwann ging das Kloster unter, auch das Gebäude steht nicht mehr. Später bekam der kleine Ort dafür ein Schloss. Als Witwensitz für die Herzogin Maria von Sachsen. Das gibt es heute noch und es ist ein beliebtes Ausflugsziel für Radfahrer, die im Achterland unterwegs sind. Hier befindet sich ein kleines Café und ab und an finden Veranstaltungen statt.

Dass Pudagla eine bewegte Geschichte hat und so viel älter ist als die nahe gelegenen Kaiserbäder, sieht man dem Ort nicht an. Doch was bis heute geblieben ist, ist die natürliche Schönheit und dieser sagenhaft schöne Sonnenuntergang am Achterwasser, der nicht nur Gäste, sondern auch Insulaner immer wieder an die Badestelle nach Pudagla zieht.

Am anderen Ende Pudaglas steht auf einem Hügel eine Bockwindmühle, die mit viel Liebe restauriert wurde und zu besichtigen ist.

74

Kletterwald Usedom
17459 Seebad Ückeritz
038375 22677
www.kletterwald-usedom.de

BETREUTES KLETTERN IM KÜSTENWALD

Kletterwald Usedom

In den Küstenwäldern Usedoms wachsen uralte Buchen und Kiefern. Der typische Geruch eines Waldes am Meer und das Rauschen des Windes in den Baumkronen machen ihn unverwechselbar. Und wir stehen am Boden, genießen die gute Luft und sehen mit einem Lächeln hinauf zu dem grünen Blätterdach. Wie wäre es wohl, sich dort oben von Ast zu Ast zu schwingen, mit den Vögeln auf Augenhöhe zu sein und den Wind zu spüren?

Ich kann es Ihnen sagen: Es ist aufregend schön! Denn im Kletterwald Usedom, nahe der B111 kurz vor Ückeritz, können Sie genau das erleben. Von eineinhalb Meter Höhe bis in die Baumwipfel reichen die Parcours. Sechs sind es an der Zahl. Von Spiel und Spaß über Fitness und Erlebnis bis zu Abenteuer und Risiko. Damit Letzteres nicht zu groß wird, wachen aufmerksame Augenpaare über jeden Schritt. Wobei »Schritt« in meinem Fall wohl das falsche Wort ist. Es ist mehr ein zittriges Fortbewegen, denn Adrenalin ist mein ständiger Begleiter. Selbst in eineinhalb Meter Höhe. Es geht über Seile und Hängebrücken immer weiter nach oben. Ich klettere, schwebe an Seilrutschen von Baum zu Baum, muss wie Tarzan springen und darf am Ende sogar mit den Wipfeln surfen. Es ist atemberaubend, auch mit zittrigen Beinen. Denn die sind das Einzige, was ich spüre, wenn ich einen Moment innehalte. Und der Wunsch, augenblicklich wieder festen Boden unter den Füßen zu haben. 14 Meter sind verdammt hoch!

Eigentlich bin ich heilfroh, dass ich wieder auf der Erde stehe, als sich mein inneres Kind meldet und schreit: Noch mal, bitte! Der Abenteuerdrang blitzt in meinen Augen auf und ich weiß: Ja, ich werde es wieder tun und vielleicht teste ich beim nächsten Mal auch den Monkey Tree und klettere an ihm ins Blätterdach der alten Buchen und Kiefern.

Fahren Sie mit der Usedomer Bäderbahn bis zur Haltestelle Neu Pudagla. Von hier sind es nur ein paar Hundert Meter Fußweg zum Kletterwald und Sie sind sicher vor Stau und Parkgebühren.

75
Loddiner Höft
17459 Seebad Loddin

GESELLIGES NATURPARADIES

Loddiner Höft

Schließen Sie die Augen! Alles um Sie herum ist ruhig. Nur der Wind rauscht in den Bäumen. Sie spüren ihn auf der Haut und auch die Wärme der letzten Sonnenstrahlen. Ein paar Meter unter Ihnen schwappen leise Wellen an den Strand. Eine Vogelstimme hier und da und das Gekreische einer Möwe in der Ferne. Gleich wird die Sonne irgendwo auf der anderen Seite des Achterwassers untergehen. Es ist atemberaubend schön hier.

Genau das ist die Magie des Loddiner Höfts, einer Landzunge, die mit ihrer herrlichen Natur das ganze Jahr über die Menschen in ihren Bann zieht. »Höft« nannten die Slawen übrigens höher gelegene Uferbereiche. Im Falle des Loddiner Höfts ist der höchste Punkt ein Steilufer mit etwa 16 Metern über dem Meeresspiegel. Oben steht eine Bank. Doch bitte verfallen Sie nicht in den Glauben, hier für sich allein zu sein. Die Schönheit lockt nicht nur Sie an, denn der Ausblick ist schon lange kein Geheimtipp mehr. Und dennoch lohnt er sich.

Vom Restaurant *Waterblick* in Loddin aus führt ein gut ausgeschilderter Wanderweg über die Halbinsel bis ans Steilufer. Je weiter man sich von der Siedlung entfernt, umso größer wird die Stille, bis man irgendwann das Rauschen des Achterwassers hört. Das Loddiner Höft ist ein Paradies für Wanderfreunde. Radfahrer sollten ihren Drahtesel besser schieben, denn der Weg ist sandig und schwer zu befahren. Hat man sein Ziel auf dem Steilufer erreicht, entdeckt man im Süden das Ufer des Lieper Winkels und im Westen die Halbinsel Gnitz und die Insel Görmitz. Wer besonders viel Glück hat, kann von hier aus Seeadler beobachten. Sie sind seit Jahren wieder heimisch auf Usedom und ihr Anblick, wenn sie weit am Himmel über uns kreisen, ist beeindruckend schön.

Gehen Sie anschließend ins Restaurant Waterblick und lauschen Sie den Geschichten von Peter Noack.

76

Karls Erlebnis-Dorf
Zum Erlebnis-Dorf 1
17459 Ostseebad Koserow
038202 4050
www.karls.de

WILLKOMMEN IN DER WELT DER ERDBEERE

Karls Erlebnis-Dorf

Irgendwo habe ich einmal gelesen, Karls Erlebnis-Dörfer sind der wohl organisierte Wahnsinn rund um die Erdbeere. Ich finde diese Formulierung sehr treffend, obwohl dabei die leuchtenden Kinderaugen und bleibenden Erinnerungen, die ein Besuch hier mit sich bringt, nicht ausreichend gewürdigt werden. Denn wenn Karls eines kann, dann ist es, Kinder glücklich zu machen.

Nun hat ja die Insel seit 2016 ihr eigenes Erlebnis-Dorf in Koserow. Es ist gar nicht zu verfehlen, denn man fährt auf der Bundesstraße direkt daran vorbei. Der Eintritt ist frei, genau wie der Parkplatz vor der Tür. Früher war hier nur Wiese. Durch ein Tor geht es hinein in die bunte Erdbeerwelt. Überall wuselt es. Rutsche, Wasserspielplatz, Streichelzoo, Bauernmarkt, Pfannkuchenschmiede, Bonbonmanufaktur. Es nimmt kein Ende. Hier geht es nicht nur um die Erdbeere, sondern um all die schönen Dinge, die die ländliche Idylle für Kinder reizvoll machen. Es ist ein bisschen so wie in den Bilderbüchern, aus denen sich ihre Träume nähren. An allen Ecken kann man zusehen, mitmachen, probieren. Und kaufen! Denn Karls ist auch ein Shoppingparadies. Neben den süßen Verführungen in Form von Kuchen, Crêpes und Bonbons kommt auch Deftiges auf den Teller. Der riesige Laden mit allen nur denkbaren Lebensmitteln, die zumindest einen Anteil an Erdbeeren enthalten, ist für Usedomer Verhältnisse ungewöhnlich. Und macht Spaß.

Ich setze mich an einen der vielen Tische und lasse das Leben um mich einfach geschehen. Die Erdbeerbrause ist wirklich gut. Und während ich mich entschließe, der Kaffeekannen-Ausstellung noch einen Besuch abzustatten, erzählt ein kleines Mädchen am Nebentisch seiner Mutter von dem Irrgarten, den es unbedingt noch erleben will.

Fahren Sie in der Saison mit dem Zug nach Koserow. Das Erlebnis-Dorf ist immer gut besucht und der Parkplatz entsprechend voll. Der Bahnhof ist nur wenige Schritte entfernt.

77

Seebrücke Koserow
Seebrückenvorplatz
17459 Ostseebad Koserow
www.usedomer-bernsteinbaeder.de/koserow

Schiffsanleger Seebrücke Koserow
17459 Ostseebad Koserow
04651 9870888
www.adler-schiffe.de/ab-usedom

Augenschmaus über den Ostseewellen

Seebrücke Koserow

Was das kleine Seebad Koserow in die Ostsee gezaubert hat, sucht weit und breit seinesgleichen. Keine Seebrücke auf Usedom und an der ganzen Ostseeküste ist mit ihr vergleichbar. Wellenförmig geschwungen erstreckt sie sich vom Seebrückenvorplatz fast 300 Meter hinaus aufs Wasser. Ein besonderer Augenschmaus ist die Konstruktion bei Nacht, wenn ihre Kurven beleuchtet sind und ihre Silhouette sich magisch vor der dunklen See abzeichnet.

Der breite Weg macht den Spaziergang über den Wellen zum Genuss. Er endet auf einer 900 Quadratmeter großen Veranstaltungsfläche, die zu atemberaubenden Sonnenuntergängen einlädt. Neben unzähligen Sitzgelegenheiten und Liegeflächen befindet sich darauf eine Bühne, auf der die schönsten Naturschauspiele musikalisch begleitet werden können. Und noch etwas hat bereits in der Planungsphase die Herzen der Usedomer höher schlagen lassen: Ein acht Meter hoher Glockenturm erinnert an Vineta, die reiche, hochmütige Stadt, die das Meer in einer Sturmnacht verschlang und deren Glockengeläut an Ostersonntagen aus den Tiefen zu uns hinauf klingen soll. Jetzt können wir es endlich hören, und darüber hinaus auch an allen anderen Feiertagen im Jahr.

Schritt für Schritt geht man hinaus aufs Wasser, streicht mit den Fingern über die hölzernen Handläufe, bis man neben der Statur des alten Fischers mit der Glocke steht und gemeinsam mit ihm den Blick in die Ferne schweifen lässt. Vielleicht steigen Erinnerungen an die beiden Seebrücken auf, die zuvor an dieser Stelle standen und denen Wind und Wetter schwer zu schaffen gemacht hatten. Möge die neue Seebrücke in Koserow lange Stürmen, Eis und Sonne trotzen und die Menschen auf ihr schöne Augenblicke erleben.

Eine Fahrt mit einem den Adler-Schiffen verspricht nicht nur eine einzigartige Perspektive auf die Seebrücke in Koserow, sondern auch auf die höchste Erhebung an Usedoms Außenküste: den Streckelsberg.

78

Vinetabrücke
Strandpromenade
17454 Ostseebad
Zinnowitz
www.zinnowitz.de

Haus des Gastes
Neue Strandstraße 30
17454 Ostseebad
Zinnowitz
038377 4920
www.zinnowitz.de

GROSSARTIGE AUSSICHTEN

Vinetabrücke

Zugegeben, sie fällt im Vergleich zu den Seebrücken in Ahlbeck und Heringsdorf eher schlicht aus und wird durch die Tauchgondel am Ende auch gern mit den Seebrücken in Zingst oder Sellin verwechselt. Aber sie hat Charme, besonders wenn man zurück in Richtung Land spaziert und der Blick auf die stattliche Architektur des Preußenhofs fällt. Die Mischung aus Seeluft, Meeresrauschen und Bäderarchitektur katapultiert einen in Windeseile zurück in die Kindheit und lässt erahnen, was die Sommerfrischler schon vor über 120 Jahren hierher zog. Es ist einfach beeindruckend schön!

Kurz nach der Wende, 1993, um genau zu sein, wurde die Seebrücke eröffnet. Man taufte sie auf den Namen »Vinetabrücke«, in Erinnerung an die Legende, die reiche Stadt sei in den Fluten vor Usedom untergegangen. Ob das wirklich so ist, werden wir wohl erst erfahren, wenn ein Sonntagskind sie am Ostersonntagmorgen aus den Wellen aufsteigen sieht und für immer von ihrem Fluch befreit. Die erste Zinnowitzer Seebrücke hat ihre Anfänge um 1897, also etwa zur gleichen Zeit wie ihre beiden Schwestern im Inselsüden. Damals wurde ein Steg in die Ostsee gebaut, um Schiffe anlegen zu lassen. Zehn Jahre später wurde dieser zur Seebrücke erweitert. Ende der 1940er-Jahre musste man sie jedoch abreißen, da das Wetter, das Meer und besonders das Packeis über die Jahrzehnte zu starken Schäden geführt hatten. Danach kam lange nichts. Die heutige Vinetabrücke ist 315 Meter lang, hat zwei Aussichtsplattformen und eine Tauchgondel, die 2006 eröffnet wurde. Mit ihr kann man auf den Grund der Ostsee fahren und versuchen, einen Eindruck vom Leben im trüben Brackwasser zu bekommen. Unter fachlicher Anleitung, versteht sich. Zudem wird ein 3-D-Film gezeigt, der in dieser Atmosphäre täuschend real wirkt.

Das Ostsee-Lift-Café, das sich direkt an der Seebrücke befindet, erhebt sich zu jeder vollen Stunde in luftige 25 Meter Höhe und bietet einen herrlichen Blick über die Seebrücke.

79

Historisch-Technisches Museum Peenemünde
Im Kraftwerk
17449 Peenemünde
038371 5050
www.museum-peenemuende.de

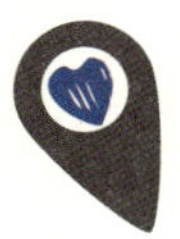

USEDOMS DUNKELSTE UND KLANGVOLLSTE SEITE

Historisch-Technisches Museum Peenemünde

Peenemünde verbinde ich mit den traurigsten und schönsten Momenten der Inselgeschichte. Hier, im äußersten Norden Usedoms, stehen noch heute die Überreste der Heeresversuchsanstalt, die während des Zweiten Weltkrieges das größte militärische Forschungszentrum Europas beherbergten. Bis zu 12.000 Menschen, größtenteils Zwangsarbeiter, arbeiteten hier unter der Leitung von Wernher von Braun an der Entwicklung von neuartigen Waffensystemen. Terrorwaffen, um genau zu sein. Dazu gehörten Marschflugkörper und erste Großraketen, die als Vergeltungswaffen gegen die Zivilbevölkerung konzipiert waren und auch zum Einsatz kamen.

Das Kraftwerk ist vollständig erhalten und frei begehbar. Es erinnert in Ausstellungen und an interaktiven Medienstationen an dieses dunkle Kapitel der Inselgeschichte. Über einen gläsernen Fahrstuhl gelangt man auf eine Aussichtsplattform auf dem Dach des Kraftwerkes. Von hier aus eröffnet sich einem das ganze räumliche Ausmaß der Rüstungsanlagen. Über einen Rundweg von etwa 25 Kilometern ist die Denkmal-Landschaft begehbar. Sensible Bereiche wurden jedoch ausgespart, da das Gelände munitionsbelastet ist.

Das Historisch-Technische Museum Peenemünde arbeitet bis heute die Geschichte der Heeresversuchsanstalt auf und widmet sich dabei auch dem Leben der Zwangsarbeiter. In der ehemaligen Turbinenhalle des Kraftwerkes finden jährlich während des Usedomer Musikfestivals klassische Konzerte statt, die Tausende Menschen nach Peenemünde locken. Symphonieorchester spielen unter der Leitung berühmter Dirigenten weltbekannte Stücke. Und dann ist es, als würde sich der Klang der Musik mit den geschichtsträchtigen Wänden verbinden und den Räumen jede Schwere nehmen. Jedes Jahr wird Peenemünde dadurch ein Stück heller.

Neben Peenemünde befindet sich in Karnin, auf der anderen Seite der Insel, ein Relikt der Auswirkungen des Zweiten Weltkrieges. Die Überreste der Eisenbahnhubbrücke stehen hier in der Peene.

80

Hafen Karlshagen
Am Hafen
17449 Ostseebad
Karlshagen
038371 20066
www.karlshagen.de

AUS ALT MACH NEU

Hafen

Der Hafen in Karlshagen bietet maritimes Flair par excellence. Es sitzt sich einfach herrlich hier. Man kann den Booten beim Rein- und Rausfahren zusehen, die Fischer bei der Arbeit beobachten und fünfe mal so richtig gerade sein lassen. Dazu gibt es leckere Fischbrötchen, und für einen Segeltörn, der in Erinnerung bleibt, legt die *Weisse Düne* ein- bis zweimal die Woche an. Das über 100 Jahre alte Plattbodensegelschiff ist schon ein Hingucker für sich.

Mit über 100 Liegeplätzen ist der Hafen hier der größte auf der deutschen Seite der Insel. Er liegt am Peenestrom und bietet neben maritimem Tourismus auch zahlreiche Ferienwohnungen zum Übernachten an. Kultureller Höhepunkt ist das Hafenfest, das jeden Sommer Ende Juli stattfindet. Dann verwandelt sich der Hafen in eine bunte Meile mit Händlern und Fahrgeschäften. Auf dem Wasser finden Regatten originalgetreu nachgebauter Arbeitsbootmodelle statt. Ausflugsfahrten und rasante Trips mit dem Speedboot sind möglich. Und weil auch ein Höhepunkt einen Höhepunkt braucht, steigt ein fantastisches Feuerwerk in den Nachthimmel und bringt die Augen aller Besucher zum Leuchten.

Kurzum, die Karlshagener lieben ihren Hafen. Für diese Idylle haben sie sich in den letzten Jahren mächtig ins Zeug gelegt und Fischerei- und Yachthafen komplett modernisiert. Früher wurde er nämlich als Militärhafen genutzt und in einem unansehnlichen Zustand hinterlassen. Davon ist heute nichts mehr sichtbar. Ganz im Gegenteil! Der Hafen in Karlshagen ist gut ausgerüstet für das 21. Jahrhundert. Und über das WLAN, das im ganzen Hafenbereich zur Verfügung steht, können die neiderweckenden Sonnenuntergangsbilder, die man hier machen kann, sofort in die Welt hinausgeschickt werden.

Mieten Sie sich ein Fahrrad und fahren Sie vom Hafen aus immer an der Peene entlang bis nach Peenemünde.

81

Fischstübchen
Neeberger Straße 26A
17440 Krummin
03836 603322

Galerie im Hühnerstall
Neeberger Straße 9
17440 Krummin
03836 200658
www.neeberg-galerie-fengshui.de

IMMER HER MIT DER EXTRAWURST

Fischstübchen in Neeberg

Manch einer sagt, hier gibt es den besten Fisch, den er je gegessen hat. Ich sage, das kann schon sein. Denn hier im Fischstübchen im alten Fischerdorf Neeberg in der Nähe von Krummin wird Fisch aus den Gewässern um Usedom genau so zubereitet, wie es die alten Usedomer Fischerfamilien tun. Deftige Heringshäckerle, Dorschfilet, Zander gebraten, Aal gedünstet und noch vieles mehr. Die Liste an Fischgerichten scheint schier endlos. Wer sich nicht entscheiden kann, greift zum Kapitäns- oder zum Lotsenteller und hat das Best of Usedomfisch appetitlich zubereitet auf einem Gedeck liegen. Dass man auf Usedom beim Würzen nur zu Pfeffer und Salz greift, sollte niemanden verwundern. Die pommersche Natur liebt es schlicht.

Das Restaurant in einem reetgedeckten Haus gibt es seit 1993, nur ein paar Hundert Meter vom kleinen Hafen entfernt. Es hat sich in den letzten Jahren zum beliebten Ausflugslokal für Gäste von der Insel und dem nahen Festland um Wolgast entwickelt. Der Gastraum ist urig maritim mit alten Fischernetzen und Steuerrädern an den Wänden. Die Größe des Restaurants erscheint durch seine Verwinkelung gar nicht unangenehm. Die Gerichte werden auf Tellern in Fischform serviert. Draußen wartet eine Terrasse mit Biergarten. Der Innenhof ist überdacht. In der Etage über dem Restaurant gibt es Fremdenzimmer. Auch Ferienwohnungen werden angeboten.

Was besonders schön im Fischstübchen ist: Jeder Extrawunsch wird mit einem Lächeln entgegengenommen und je nach Tageszeit und Gästezahl gern umgesetzt. Da wird die Suppe für die Kinder schon mal auf zwei Teller verteilt oder zum Fisch nur Salat serviert. Wer in der Saison jedoch nicht mit hungrigem Magen wieder abziehen möchte, der sollte auf jeden Fall vorher einen Tisch reservieren.

Gleich in der Nähe zeigt die *Galerie im Hühnerstall* Bilder, Collagen und Fotos von Margret Schreiber-Gorny.

82

Südspitze Gnitz
Erreichbar vom Lütower
Parkplatz Mövenort Gnitz
17440 Lütow

St. Marien-Kirche Netzelkow
Kirchstraße
17440 Lütow
www.kirche-auf-usedom.de

FASZINIERENDE STILLE

Südspitze Halbinsel Gnitz

Das Besondere an der Insel Usedom ist, dass man ganz schnell der Lebendigkeit der Seebäder entfliehen kann. Denn abseits der Küstenlinie, im Hinterland, dort, wo die Insel am ursprünglichsten ist, warten Ruhe, Weite und fast unberührte Natur.

Von Zinnowitz zum Beispiel führt eine Straße nach Süden auf die Halbinsel Gnitz. Sie ist umgeben von Achterwasser, Peenestrom und Krumminer Wieck. Kaum eine Gegend auf Usedom ist so schön, still und verträumt wie die Südspitze hier. Wander- und Radwege bringen den Besucher an entlegene Orte, über denen mit ein bisschen Glück sogar Seeadler kreisen. Ein Trampelpfad führt am Steilufer entlang bis hinauf auf den 32 Meter hohen Weißen Berg. Von hier aus eröffnet sich einem ein atemberaubender Blick über die Krumminer Wieck bis hinüber auf die Halbinsel Wolgaster Ort und den Hafen von Neeberg. Schaut man in die andere Richtung, erkennt man bei klarer Sicht die alte Stadt Lassan auf dem Festland, die zu den kleinsten in ganz Deutschland zählt. Der Weiße Berg trägt seinen Namen übrigens aufgrund des hellen Sandes an seiner Kliffkante. Er ist durch Wind und Wetter stetigen Veränderungen ausgesetzt und wird dadurch von Jahr zu Jahr kleiner. Dass man der Natur hier freien Lauf lässt, erschließt sich auch aus den schiefen Bäumen, die nach und nach am Steilufer in die Tiefe rutschen, bis sie schließlich langsam im Wasser verwittern.

Von der Ostküste der Halbinsel Gnitz aus sieht man auf die Insel Görmitz, die nur wenige Quadratkilometer groß ist. Sie ist völlig flach und bietet durch ihren breiten Schilfgürtel Seevögeln ein Paradies zum Brüten und zur Aufzucht ihres Nachwuchses. Die Insel steht, wie die Südspitze des Gnitzes auch, unter Naturschutz.

Die Kirche in Netzelkow ist die einzige auf dem Gnitz. Sie stammt aus dem 15. Jahrhundert und hat einen frei stehenden hölzernen Glockenstuhl.

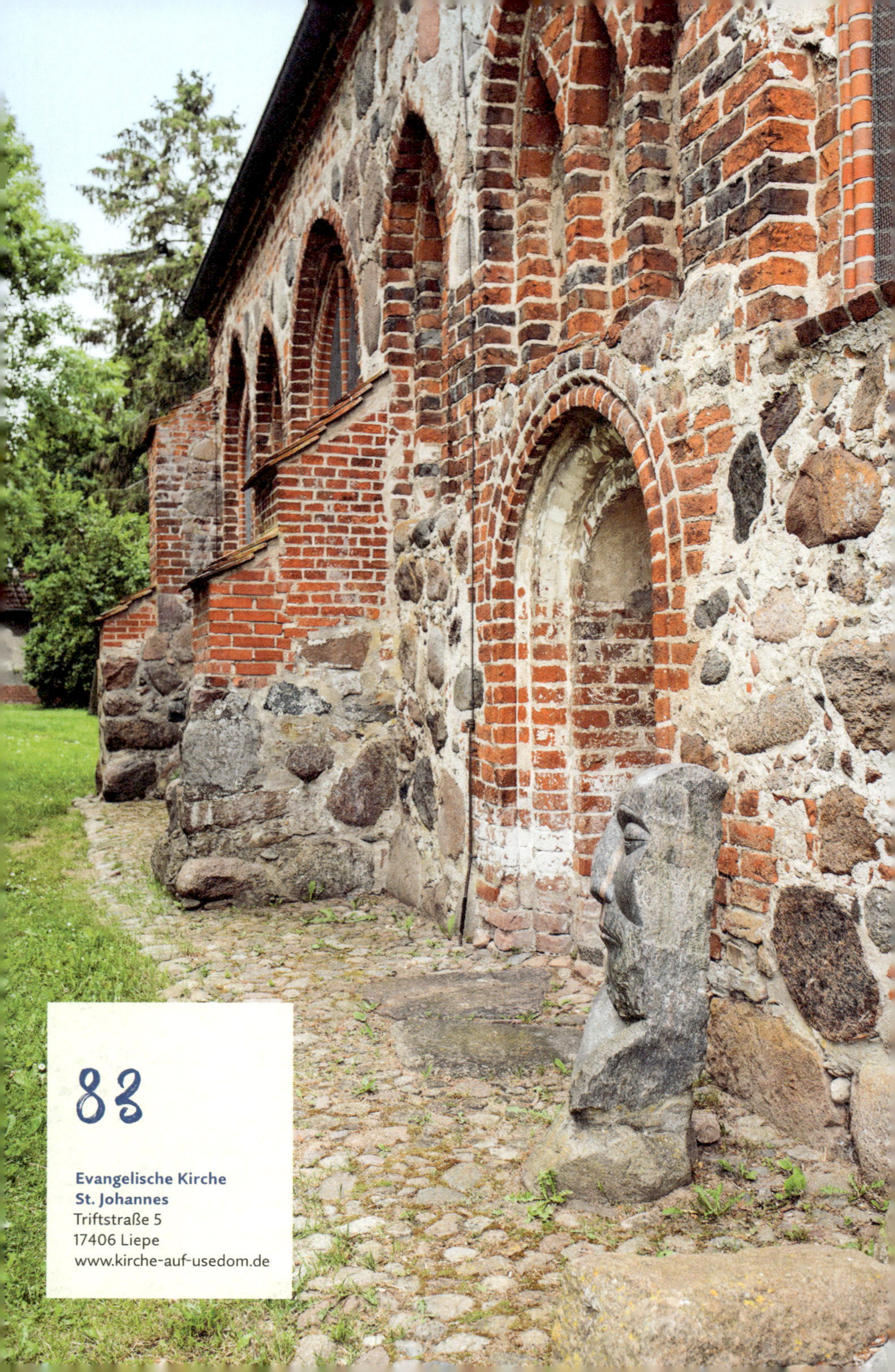

88

Evangelische Kirche St. Johannes
Triftstraße 5
17406 Liepe
www.kirche-auf-usedom.de

AUS DER ZEIT GEFALLEN

St.-Johannes-Kirche

Ich finde ja, sie ist eine Augenweide. So unvollkommen und deshalb so schön wie nur wenige Kirchen überhaupt. Ein Wirrwarr aus Feld- und Backsteinen unter einem nagelneuen Dach und umgeben von herrlicher Natur. Schon der Weg von der Kirchenpforte unter den Linden hindurch ist ein Traum. Besonders wenn die alten Bäume in voller Blüte stehen. In meiner Erinnerung hat sich der Anblick der St.-Johannes-Kirche in Liepe mit diesem Duft verbunden.

Es heißt, sie ist die älteste Kirche auf Usedom. So ganz richtig ist das nicht, denn ihr Vorgängerbau hätte wohl diesen Titel verdient. Er wurde 1216 erstmals urkundlich erwähnt. Die heutige Kirche stammt aus dem 15. Jahrhundert und hat auch schon eine bewegte Vergangenheit hinter sich. Nach einem Gottesdienst im Jahre 1792 nämlich stürzte das Dach ein. Es dauerte damals einige Zeit, bis ein neues fertiggestellt war.

Wer die Kirche in Liepe das erste Mal besucht, ist verwundert, dass sie keinen Turm hat. Hatte sie auch nie, und damit ist sie nicht allein unter den Usedomer Kirchen. Der Glockenstuhl steht gleich neben dem Gotteshaus und schwingt nagelneue Glocken aus dem Jahr 2016. Die alten sind wenige Meter weiter zu bewundern. Einmalig auf Usedom ist jedoch der Kanzelaltar in der Kirche. Der Blick fällt unweigerlich darauf, denn so etwas sieht man selten. Der Innenraum ist in drei Schiffe unterteilt, die durch Holzpfeiler gegliedert sind. Alte Wandmalereien zeigen die Kreuzigung, Grablegung und Auferstehung Christi. Um die Kirche herum finden sich große Skulpturen regionaler Künstler. Und wer jetzt noch nicht verzaubert ist von diesem Ort, sollte einen Blick auf das alte, efeubewachsene Fachwerkhaus gleich neben dem Glockenstuhl werfen, das wie die Kirche selbst aus der Zeit gefallen scheint.

Fahren Sie von Liepe aus weiter nach Warthe und bewundern das bekannte blaue Haus mit dem wilden Vorgarten.

84

Inselkanu
Andre Albrecht
Badestelle Neppermin
17429 Neppermin
038379 22711
www.inselkanu.de

Nepperminer Fischpalast
Lyonel Feininger Straße 6
17429 Neppermin
038379 287244
www.nepperminer-
fischpalast.de

UND PLÖTZLICH STEHEN KÜHE IM WASSER

Fahrten mit *Inselkanu* auf dem Achterwasser

Andre Albrecht weiß, wie es ist, mit dem Boot über das Achterwasser zu fahren und tief einzutauchen in die herrliche Natur hier. An der Badestelle in Neppermin und auf Wunsch auch anderswo auf Usedom lässt er seine Kanus ins Wasser. Sie können stundenweise oder als geführte Touren gemietet werden und versprechen ein tolles Naturerlebnis aus ungewohnter Perspektive. Dabei gleitet es sich richtig gut auf dem Nepperminer See. Als Ausbuchtung des Achterwassers liegt er recht geschützt und bietet ideale Bedingungen für Kanu-Anfänger.

Die Einweisung geht flink und wer sich für eine geführte Tour entscheidet, wird kein sehenswertes Fleckchen zwischen Neppermin und der Halbinsel Cosim verpassen. Ganz besonders nicht auf den beiden Vogelschutzinseln Böhmke und Werder, die mitten im Nepperminer See liegen und beliebte Brutstätte für die unterschiedlichsten Küstenvögel sind. Lachmöwen, Flussseeschwalben, Brand- und Graugänse, Stock- und Schnatterenten, Höckerschwäne, Haubentaucher, Bartmeisen, Drossel- und Teichrohrsänger und mit einer anständigen Portion Glück sogar Austernfischer und Schwarzkopfmöwen. Außerdem weiden auf der größeren Insel Werder das ganze Jahr über Gotlandschafe und die sind in der Idylle richtig schön anzusehen.

Doch auch an den Ufern der Insel Usedom gibt es einiges zu entdecken. Die Tier- und Pflanzenwelt hier ist beeindruckend schön und wird von den vorbeigleitenden Kanus kaum gestört. Und während man im gekonnten Rhythmus die Ufer entlangzieht, ist es gut möglich, dass da plötzlich Kühe im Wasser stehen. Denn die Kuhweiden nordwestlich von Neppermin grenzen ans Achterwasser und welche Kuh hat nicht auch mal Lust auf ein kühles Bad mit herrlichstem Ausblick!

Verbinden Sie eine Radtour nach Neppermin mit dem Kanufahren und stärken Sie sich anschließend im Fischpalast.

85

Gutshof Insel Usedom
Schlossallee 6
17429 Mellenthin
Buchung: 038379 20700
Tischreservierung:
0175 7033350
www.gutshof-usedom.de

BIOWAFFELN IM ALTEN GERÄTEHAUS

Gutshof *Insel Usedom*

Es sitzt sich gut unter dem großen roten Schirm, der diesen Sommertag erträglich macht. Es riecht nach Lavendel, nach Kaffee und frischen Waffeln. Die Front des alten Gutshofs erinnert noch immer an die Zeit als Gerätehaus des nur einige Meter entfernten Mellenthiner Wasserschlosses. Um 1600 wurde er erbaut, erfahre ich von Cornelia Korts, die sich 1998 in die damals heruntergekommene Immobilie verliebte und hier ein ganz besonderes Haus eröffnete.

Der Gutshof Insel Usedom ist das erste BIO-zertifizierte Hotel der Insel und bio steckt hier in jedem Detail. Es wurde mit Naturbaustoffen saniert und hat wohl so manchem Handwerker Sorgenfalten auf die Stirn geschrieben. Selbst das Storchennest verbannte man vorübergehend vom Dach und bot eine Alternative auf einem nahe stehenden Mast im Garten. Den Störchen war es recht, denn nach einem Jahr war der Spuk vorbei und das alte Zuhause stand wieder zur Verfügung.

Was den Gutshof so besonders macht, ist seine Ganzheitlichkeit. Hier steht »bio« nicht nur auf den Verpackungen der verwendeten Produkte, hier wird bio auch gelebt. Salate, Gemüse, ja selbst der Spargel stammen aus dem eigenen Bauerngarten, der nach Vorbild der alten Klostergärten angelegt wurde. Auch das Korn wird eigens für den Gutshof angebaut und in der hauseigenen Mühle gemahlen. Vegetarisch, vegan, laktose- und glutenfrei ist hier gar kein Problem. Die Küche ist gesund und vollwertig. Ein weiteres Highlight sind die 40 verschiedenen Waffelsorten, die im Gastraum und auf der Terrasse serviert werden. Probieren Sie unbedingt eine der Frischkornwaffeln und schauen Sie Cornelia Korts bei der Zubereitung über die Schulter. Das Korn wird eigens für Ihre Waffel gemahlen und verarbeitet. Frischer geht es nicht.

Wer Mellenthin historisch entdecken möchte, sollte nach der Schwedenschanze fragen. Dabei handelt es sich um eine frühslawische Höhenburg in einem Eichenwald, deren Überreste noch gut erhalten sind.

86

Erlebniswelt Hangar 10
An der Haffküste 1
17419 Zirchow
038376 29510
www.hangar10.de

WO MÄNNERHERZEN HÖHERSCHLAGEN

Erlebniswelt *Hangar 10*

Schon bei meinem ersten Besuch im Hangar 10 war ich begeistert. Ich hatte nicht erwartet, dass alte Flugzeuge so eine Faszination auf mich ausüben könnten. Denn was hier im ehemaligen Zentrum des Fliegerhorstes Garz am heutigen Flugplatz Heringsdorf zusammengetragen wurde, ist bemerkenswert. Eine *Boeing Stearman 75*, eine *Messerschmitt Bf 109*, eine *Jakowlew Jak-9*, eine *North American P-51 Mustang* und, und, und. Allesamt flugfähig und in ihrer Schönheit ohne Zweifel dazu im Stande, selbst Frauenaugen zum Leuchten zu bringen. Denn während die Finger über das glänzende Metall gleiten, versinkt man in Erinnerungen an den *Englischen Patienten* und sieht den Grafen László Almásy und die schöne Katharine Clifton wieder über die Sahara fliegen.

Doch der Hangar 10 lässt nicht nur Frauenherzen höherschlagen und weckt in Männern die Sehnsucht nach grenzenloser Freiheit über den Wolken. Auch Kinder finden hier ein wahres Spieleparadies. In der Kletterwelt hangeln sie Meter über dem Boden. Eine Riesendartscheibe, Tischtennisplatten, Rutschen und Schaukeln ziehen magisch an. Draußen können sie in drei Meter großen Luftbällen über die Wiese rollen, und das absolute Highlight sind die Flug- und Fahrsimulatoren.

Mein persönliches Highlight ist jedoch das Restaurant. Im Ambiente der alten Fliegerwelt wird eine ausgesprochen gute Küche serviert. Man nimmt Platz in Ledersesseln und richtet den Blick auf den Flughafen. Mit etwas Glück starten und landen Sportflieger und Linienmaschinen, und irgendwo am anderen Ende der Landebahn geht langsam die Sonne unter. Und wenn man glaubt, alles in der Erlebniswelt entdeckt zu haben, geht man zur Toilette und weiß spätestens dann, dass sich am Hangar 10 wirklich ausnahmslos alles um die Fliegerei dreht.

Wer einmal in einem historischen Flugzeug über Usedom fliegen möchte, ist hier genau richtig.

87

Hafen Kamminke
17419 Kamminke
038376 20169

EIN FISCHERDORF AM ENDE DER WELT

Hafen Kamminke

Wer das erste Mal nach Kamminke fährt, wähnt sich am Ende der Welt. Oder zumindest am Ende Deutschlands, denn die Grenze zu Polen ist nur noch einen Steinwurf entfernt. Der Weg die schmale Dorfstraße entlang fällt leicht. Es geht stetig bergab. Rechts und links stehen Reetdachhäuser. Sie erinnern an die Zeiten, in denen Kamminke ein blühendes Fischerdorf war und auf dem Haff unzählige Boote den Fang einholten. Das ist lange vorbei. Geblieben sind der Charme des Dorfes und die Andenken an eine lange Tradition.

Die Dorfstraße führt hinunter bis an den Hafen. Eine Mole streckt sich von hier hinaus aufs Stettiner Haff. 30 Liegeplätze sollen es sein. Auch ein paar Fischerboote schunkeln im Wasser. Über 80 Jahre ist der Hafen alt. Er hat lange Zeit die Kamminker Familien gut versorgt. Zu DDR-Zeiten gründeten die Fischer eine Genossenschaft und bauten Gebäude zur Verarbeitung des Fangs. Die ehemalige Fischhalle steht heute noch, doch es kann hier niemand mehr von der Fischerei leben. Es ist still geworden im Dorf. Einzig die Idylle zieht die Menschen hierher und der herrliche Blick auf das Haff. Ab und an legt ein Schiff an und lädt zu Rundfahrten oder Ausflügen nach Stettin oder Ückermünde ein. Direkt auf der Mole steht die Fischräucherei Klönsnack. Zwischen April und Oktober wird selbst geräucherter Fisch außer Haus und im eigenen Restaurant verkauft. Wer auf der Terrasse Platz nimmt, kann die Füße fast ins Wasser halten. Näher am Haff sitzt man nirgendwo auf Usedom.

Ganz besonders schön ist der Hafen Kamminke im Winter, wenn das Haff zugefroren ist und das Dorf in einen Winterschlaf gefallen zu sein scheint. Dann passiert es manchmal, dass der Wind das Eis aufbricht und die Schollen meterhoch am Ufer zusammenschiebt.

Im Sommer finden auf der Mole dreimal die Woche Grill- und Räucherbuffetabende mit Livemusik statt.

88

Mühlenbake
Westmole
Uzdrowiskowa
PL-72-600 Świnoujście

Festung Westbatterie
ul. Jachtowa 1
PL-72-600 Świnoujście
+48 (0)508738118
www.fortzachodni.pl

EINE WINDMÜHLE AM MEER

Mühlenbake

Man könnte fast glauben, die Swinemünder hätten sich ihre Mühlenbake erst in den letzten Jahren so dekorativ auf die Spitze der Westmole gestellt. Das stimmt aber nicht. Das schicke Teil steht so oder so ähnlich schon seit 1874 dort und ist zu *dem* Fotomotiv für jeden Swinemünde-Besucher geworden. Das Markenzeichen der Stadt ziert auch das Wappen und erinnert mit seinen weißen Flügeln an eine Windmühle, nur eben am Meer.

Wer Lust auf einen ausgedehnten Strandspaziergang hat, kann von den Kaiserbädern aus bis zur Westmole laufen. Die alte Feldsteinmole ist einen knappen Kilometer lang und trennt den breiten weißen Sandstrand von der Hafeneinfahrt. In der Bucht, die hier entstanden ist, kann man Kite- und Windsurfer bei ihren waghalsigen Sprüngen beobachten. Auf der Mole selbst stehen neben unzähligen Besuchern auch viele Angler. Sowohl die Hafeneinfahrt als auch die Bucht sind reich an Fischen. Dass die Mühlenbake nicht nur Besuchermagnet, sondern auch wichtiges Seezeichen ist, bemerkt man spätestens, wenn die Sonne untergegangen ist. Noch heute dient ihr Leuchtfeuer zur Navigation der Schiffe. Viele kleine und auch so manch großer Pott passieren im Laufe des Tages und der Nacht die Hafeneinfahrt, um in Swinemünde zu laden, die Ladung zu löschen oder um von hier aus durch die Swine, das Stettiner Haff und die Oder weiter ins Landesinnere zu gelangen. Mitunter herrscht beeindruckendes Schweigen auf der Westmole, wenn einem die Ausmaße eines Frachters hier so richtig deutlich werden.

Wen man auf der Westmole mit Blick auf die Mühlenbake auch immer trifft, sind Fotografen. Ich kenne keinen anderen Ort in Swinemünde, von dem so viele bemerkenswerte, schöne Bilder existieren. Fragen Sie Google!

Dort, wo die Westmole beginnt, steht die Festung Westbatterie, die einst den Seeweg aus Oder und Swine in die Ostsee schützte.

Karen Lark / Heike Meckelmann
Lieblingsplätze
Ostsee Schleswig-Holstein
192 Seiten, 14 x 21 cm
Klappenbroschur
ISBN 978-3-8392-0164-0
€ 17,00 [D] / € 17,50 [A]

Die Ostseeküste Schleswig-Holsteins und die Sonneninsel Fehmarn laden zum Planschen und Paddeln ein. Weiße Strände, warmes Wasser und Seebrücken zwischen Lübecker Bucht und Flensburg versprechen reinstes Meervergnügen! Doch auch abseits der Strandkörbe gibt es geliebtes Typisches und erfreulich Unerwartetes zu entdecken. Auf Rädern durch die Holsteinische Schweiz, ins Getümmel von Kiel und Schleswig oder Klönen mit Nordlichtern. Besuchen Sie die Schokodeern, steigen Sie in einen Globus und versuchen Sie, den »Stöpsel« aus dem Meer zu ziehen! Hissen Sie die Segel, denn all das ist möglich an der Ostsee in Schleswig-Holstein!